Erschienen im Jubiläumsjahr 1987
bei Klett-Cotta

[redacted]

Hermann Giesecke

Die Zweitfamilie

Leben mit Stiefkindern und Stiefvätern

Klett-Cotta

Gesetzt aus der 10 Punkt Garamond
und gedruckt auf holzfreiem Werkdruckpapier
von Hieronymus Mühlberger, Gersthofen.
Gebunden von Ludwig Auer, Donauwörth
Verlagsgemeinschaft Ernst Klett Verlag –
J. G. Cotta'sche Buchhandlung

Printed in Germany
Umschlag: Klett-Cotta-Design
Erste Auflage, 1987

CIP-Kurztitelaufnahme der Deutschen Bibliothek

Giesecke, Hermann:
Die Zweitfamilie : Leben mit Stiefkindern u.
Stiefvätern / Hermann Giesecke. – Stuttgart :
Klett-Cotta, 1987.
ISBN 3-608-95523-2

Inhalt

Einleitung:
Was ist eine Zweitfamilie?

Vor einiger Zeit erzielte die Fernsehserie ,,Ich heirate eine Familie" hohe Einschaltquoten, so daß mehr Folgen produziert werden mußten, als ursprünglich vorgesehen waren. Ein geschiedener Freiberufler mit schönem Haus in einer Villengegend heiratet in dieser Serie eine geschiedene Frau mitsamt ihren drei Kindern inklusive Meerschweinchen, der Mann bringt nur einen Hund ein. Die neu gegründete Familie führt – die Probleme letzten Endes immer meisternd – ein glückliches Leben, zumal die eheliche Verbindung durch ein gemeinsames Kind noch gefestigt wird.

Kaum eine der alleinerziehenden Mütter, die sich vielleicht nach einem ähnlichen Glück sehnen, wird in dieser Serie ihre eigenen Schwierigkeiten und Probleme wiederentdeckt haben, zu idyllisch und harmonisch ist die Story. Es hat deshalb auch nicht an harscher Kritik gefehlt: Die wirklichen Probleme, die bei der Gründung einer Zweitfamilie entstehen, seien kaum gestreift, geschweige denn einigermaßen realistisch analysiert worden. Aber waren die Millionen Fernsehzuschauer so dumm, das nicht zu merken? Die eigentliche Botschaft der Serie, mit der sich viele Menschen identifizieren konnten – vor allem die in einer ähnlichen Lage –, war eine andere, nämlich eine regulative Idee, eine positive Leitvorstellung: ,,Seht, so schön und harmonisch könnte es zugehen, wenn alle sich ein wenig Mühe geben und Verständnis füreinander aufbringen würden." Die heile Welt dieser und anderer Serien zu entsprechenden Themen wird nicht als *Wirklichkeit* ausgegeben, sondern als *Möglichkeit*, als anzustrebender Zustand des Glücks und der Harmonie, und gerade das erlaubt den Zuschauern eine Identifikation, – den Kindern mit den ,,Fernsehkindern", den Erwachsenen mit den ihrer eigenen Rolle am nächsten stehenden ,,Fernseherwachsenen".

Aber der Erfolg von ,,Ich heirate eine Familie" hatte doch wohl einen weiteren Grund. Zum ersten Mal hatte das Fernsehen in einer Serie einen Familientypus positiv dargestellt, der noch vor 30 Jahren eine von der Öffentlichkeit eher diskriminierte Ausnahme war, inzwischen jedoch fast zum Normalfall geworden ist: die Zweitfamilie.

Fast jede dritte Ehe wird heute geschieden, insgesamt sind es etwa 120 000 pro Jahr; zurück bleiben jährlich ca. 100 000 Scheidungskinder, für die in rund 85 % der Fälle die Mutter das Sorgerecht bekommt.

Hinzu kommen die Familien, in denen ein Elternteil verstorben ist, und die Frauen mit unehelichen Kindern ohne Partner. Aber vor allem die Zahl der aus geschiedenen Ehen resultierenden Alleinerzieherfamilien steigt sprunghaft an. Im Jahre 1982 mußten 145 000 Väter und 782 000 Mütter ihre Kinder allein aufziehen.

„Den größten Anteil stellen mit 352 000 Familien geschiedene Mütter, gefolgt von verwitweten Müttern mit insgesamt 186 000 sowie verheirateten, aber dauernd getrennt lebenden Müttern mit 123 000 und ledigen Müttern mit insgesamt 121 000 Familien. Auf die Kategorie der alleinstehenden Vater-Familien mit Kindern unter 18 Jahren entfallen 51 000 geschiedene und 46 000 verwitwete Väter. 38 000 Väter sind als verheiratet, aber dauernd getrennt lebend ausgewiesen."* Etwa jedes neunte Kind wächst in einer Alleinerzieherfamilie auf, insgesamt etwa 1,3 Millionen unter 18 Jahren. Zwischen 1971 und 1982 hat sich der Anteil von Alleinerzieherfamilien an allen Familien mit unmündigen Kindern von 6 % auf 12,8 % erhöht, und die Tendenz ist weiter steigend.

Die meisten der 1,3 Millionen Minderjährigen haben also zunächst in einer „Erstfamilie" gelebt, die dann durch Scheidung, Trennung oder Tod eines Elternteils zur Alleinerzieherfamilie wurde. Wie geht es für diese Kinder nun weiter? Es kann sein, daß dieser Familientyp bis zu ihrer Volljährigkeit bestehen bleibt; es kann sein, daß der alleinerziehende Elternteil wieder einen Partner findet, mit diesem aber keine gemeinsame Wohnung teilt; schließlich kann es sein, daß er – mit oder ohne Trauschein – mit dem Partner zusammenzieht, so daß dieser zum „Stiefelternteil" für die Kinder wird. Diesen Typus möchte ich die Zweitfamilie nennen.

Nicht jede Stieffamilie ist also auch eine Zweitfamilie, aber die meisten Stieffamilien sind heute Zweitfamilien, d. h. alle ihre Mitglieder haben vorher schon in einer anderen Ehe oder Familie gelebt. Der Begriff Zweitfamilie soll den lebensgeschichtlichen

---

* Anneke Napp-Peters: Ein-Elternteil-Familien. Weinheim, München 1985. S. 9.

Prozeß insbesondere der Kinder von der Erstfamilie über die Scheidung bzw. Trennung bis zur Zweitfamilie zum Ausdruck bringen.

Wieviele solcher Familien es gibt, wird statistisch nicht erfaßt. Man schätzt, daß etwa ein Fünftel aller Bundesbürger in Stieffamilien leben. Die Kinder, die in einer Zweitfamilie aufwachsen, werden nur registriert, wenn sie adoptiert werden, was selten vorkommt. Wer ohne Trauschein in einer Zweitfamilie lebt, wird sowieso von der Statistik ignoriert.

Wir sind also auf Schätzungen angewiesen. Die „Deutsche Arbeitsgemeinschaft für Jugend- und Eheberatung" nimmt an, daß in der Bundesrepublik ungefähr 2,6 Millionen Familien leben, in denen einer der Ehepartner bereits verheiratet war. Von den Kindern, die gegenwärtig zur Welt kommen, würden 40 bis 50% nicht in der Familie aufwachsen, in die sie hineingeboren wurden. Wie zuverlässig solche Schätzungen immer sein mögen, sicher ist, daß wir es mit einer Größenordnung zu tun haben, die nichts Exotisches mehr an sich hat, und fast jeder von uns dürfte Beispiele in seinem Verwandten- und Bekanntenkreis finden. Wir haben es hier also mit einem neuen Familientyp zu tun, der immer „normaler" wird.

Wieviele dieser Zweitfamilien erneut scheitern, verrät uns die Statistik ebenfalls nicht. Die Schätzungen der Fachleute schwanken, die einen geben ihr eher eine geringere Chance als einer Erstfamilie, die anderen eine eher größere. Die Optimisten verweisen darauf, daß das Scheitern der ersten Ehe in vielen Fällen zur Besinnung darüber geführt habe, was für eine Ehe wirklich wichtig ist und was weniger. So kann man vielfach besser als früher akzeptieren, daß nicht *alle* Wünsche erfüllt werden, aber man hadert deshalb nicht, sondern sieht eher das, was tatsächlich in Erfüllung gegangen ist. Oder man sieht die Bedeutung der Gemeinsamkeiten des Lebens klarer als vorher, ist dem Partner gegenüber verständnisvoller und toleranter, gesteht ihm eher Autonomie zu.

Jedenfalls stehen die Chancen von Zweitfamilien nicht schlecht, und sie stünden vermutlich noch besser, wenn es mehr Klarheit über die Schwierigkeiten gäbe und wenn vor allem über die Tabus und Vorurteile offen gesprochen würde, die immer noch eine große Rolle spielen und so manchen Versuch scheitern lassen.

Es gibt inzwischen eine Menge zu hören und zu lesen über die Problematik der Scheidung im allgemeinen und über die Folgen für die betroffenen Kinder im besonderen, aber so gut wie gar nichts finden wir über die mögliche positive Perspektive, daß nämlich die Zweitfamilie für das Heranwachsen der Kinder nicht nur ein Ersatz, sondern auf Dauer sogar die bessere Lösung sein könnte.

Wer sich auf eine Zweitfamilie einläßt, muß sich u. a. mit folgenden Tabus bzw. Vorurteilen auseinandersetzen:

1. Vor allem die katholische Kirche hält an der Unauflösbarkeit der Ehe fest, „bis daß der Tod euch scheidet". Wird der Zweitfamilie nun öffentliche Anerkennung zuteil in dem Sinne, daß sie gerade auch in ihrer Bedeutung für das Aufwachsen von Kindern der Erstfamilie zumindest gleichrangig wird, dann wird das Postulat der Unauflöslichkeit der Erstehe nicht nur faktisch untergraben – wie längst durch die hohen Scheidungsraten –, sondern auch moralisch prinzipiell in Frage gestellt; denn um ein solches moralisches Postulat aufrechterhalten zu können, muß unterstellt werden, daß die Auflösung einer Ehe oder Familie grundsätzlich ein menschliches Versagen ist, unter dem die Beteiligten – vor allem die Kinder – mehr oder weniger schwer zu leiden haben. Grund genug also, dabei grundsätzlich ein schlechtes Gewissen zu haben. Stellt sich jedoch heraus – und davon soll in diesem Buch die Rede sein –, daß gerade im Hinblick auf ein befriedigendes Heranwachsen der Kinder die Zweitfamilie zumindest keine schlechteren Chancen hat als die Erstfamilie, dann wird sich das schlechte Gewissen auf das Maß reduzieren, das man immer haben sollte, wenn man nahestehenden Menschen gegenüber in einer wichtigen Sache einen Fehler gemacht hat. Es wird dann nicht mehr als angstmachender seelischer Faktor wirken, der das gegenwärtige Handeln lähmt – zum Beispiel mit Rücksicht auf die Kinder an einer Ehe festhalten läßt, ohne zu prüfen, ob nicht genau dies ihnen schadet. Man muß sich das einmal klarmachen: Pro Jahr haben wir 100 000 Scheidungskinder, die meist über längere Zeit die zermürbenden Zerwürfnisse zwischen den Eltern mitbekommen und damit den unaufhaltsamen Zusammenbruch der gerade für Kinder so wichtigen sozialen Zuverlässigkeit ihres Alltagslebens erlebt haben, ganz

zu schweigen von den in der Statistik nicht erfaßten Familien, in denen es ohne Scheidung ähnlich zugeht. Da kann man wirklich nicht mehr von einer pädagogischen Priorität der Erstfamilie sprechen.

2. Das schlechte Gewissen ist bei fast jeder Frau mehr oder weniger ausgeprägt anzutreffen, die nach einer Scheidung mit ihren Kindern weiterlebt und dann einen Mann kennenlernt, mit dem sie eigentlich gerne zusammenleben würde. Darf sie das den Kindern zumuten? Entzieht sie ihnen nicht zuviel Liebe, die sie gerade nach dem Scheidungsschock besonders brauchen? Typisch für dieses Vorurteil ist ein Satz, der sich in vielen Berichten von Frauen in dieser Lage findet: „Ich werde meine Kinder immer mehr lieben als meinen neuen Partner." Da sollte man es mit dem ehemaligen Bundespräsidenten Gustav Heinemann halten, der auf die Frage, ob er sein Vaterland liebe, geantwortet hat: „Ich liebe meine Frau." Das deutsche Wort „Liebe" bezeichnet zu viele verschiedene menschliche Beziehungen und führt deshalb zu Unklarheiten. Kinder zu lieben ist etwas ganz anderes als seinen erwachsenen Partner zu lieben, das eine kann mit dem anderen nicht „verrechnet" werden. Liebe ist keine Währung.

Verstärkt wird das alles durch immer noch machtvolle gesellschaftliche Rollenerwartungen gegenüber der Frau im allgemeinen und der Mutter im besonderen. Eine geschiedene Frau – zumal wenn sie Kinder hat – wird immer noch mehr diskriminiert als ein geschiedener Mann. („Hätte sie nicht der Kinder wegen nachgeben können?") Als alleinerziehende Mutter hat sie sich ausschließlich um ihre Kinder zu kümmern. Sie kann sich glücklich schätzen, wenn sie wieder einen Mann zum Heiraten findet, aber sonst hat sie möglichst asexuell zu leben und muß auf jeden Fall ihren Kindern den Vorrang geben, andernfalls „taugt sie nichts". Was immer sie tut, sie soll es wenigstens mit schlechtem Gewissen tun. Hinzu kommt die im allgemeinen schlechte finanzielle Lage, die die Diskriminierung täglich erfahrbar macht. Nur wenn der geschiedene Mann im öffentlichen Dienst ist, bekommt sie angemessenen Unterhalt, ansonsten gibt es die unglaublichsten Tricks, sich davor zu drücken. Selbst wenn der Geschiedene sich in diesem Punkt zunächst als Ehrenmann verhält, kann sich das jeden

Tag ändern. Alleinerziehende Frauen sind selten „eine gute Partie".

3. Männer, die eigentlich bereit wären, nicht nur mit einer neuen Partnerin zusammenzuleben, sondern auch zu deren Kindern eine positive Beziehung aufzubauen, werden nicht nur aus Furcht vor der tatsächlichen oder wenigstens vermuteten emotionalen Rivalität zu den Kindern gehemmt, sondern oft auch noch von viel tiefer liegenden Befürchtungen und Ängsten geplagt. Ist es mit der „männlichen Ehre" vereinbar, sich um Kinder zu kümmern, die man nicht selbst gezeugt hat? („Du findest wohl keine *ohne* Kinder?") Manchmal kommen auch archaische biologistische Befürchtungen ins Spiel: Kann man überhaupt mit Kindern leben und sich an ihrer Erziehung beteiligen, wenn sie nicht „vom eigenen Blut" sind? Kann man ihnen dann überhaupt trauen? Wer weiß, welche Erbanlagen sie haben!

Es geht den Männern ähnlich wie den Frauen, die sich im unsicheren Übergang von der alten Frauen- und Mutterrolle zur modernen emanzipierten Frau befinden. Die traditionelle Männerrolle ist zwar noch wirksam, aber auch ausgehöhlt. Das männliche wie das weibliche Selbstverständnis im Privatleben wie in der Öffentlichkeit sind in einem tiefen Umbruch begriffen, der einerseits verunsichert, andererseits aber auch die Chance für neue Formen des Zusammenlebens eröffnet, eben auch die Zweitfamilie selbstverständlich werden läßt.

Das biologistisch-triebhafte Selbstverständnis des Mannes – Kinder zeugen, Nachfolge stiften, sich selbst fortpflanzen – geht zurück zugunsten sozio-emotionaler Verantwortlichkeit. Es ist nicht mehr so wichtig wie früher, wer die Kinder gezeugt hat, aber sie müssen irgendwie vernünftig aufwachsen können. Daß soziale Vaterschaft eines Mannes würdig ist, wird zumindest zu einer konkurrierenden männlichen Leitvorstellung, und man sollte sie öffentlich zur Sprache bringen und verstärken.

Vielleicht ist es ein Indiz für diese Bewußtseinsveränderung, daß in den letzten Jahren in den Heiratsspalten der Zeitungen ein Wandel zu bemerken ist. Es mehren sich die Wünsche nach einer Partnerin mit Kindern. Früher fand sich allenfalls gelegentlich der gönnerhafte Hinweis: „Kind kein Hindernis", während die Frauen demütig nach einem „lieben Mann“ suchten, der sie einschließlich ihres „süßen Kleinkindes“ nehmen sollte. Diese Tendenz mag verschiedene Motive haben, aber eines davon ist offensichtlich: wegzukommen aus „Beziehungen“, die keinen anderen Sinn als sich selbst haben, in denen es keine gemeinsame Sache und keine gemeinsame Aufgabe gibt.

4. Alle diese Tabus, Vorurteile und Befangenheiten lassen sich zusammenfassen unter dem Stichwort des Stiefeltern-Syndroms. Tief sitzt immer noch die Überzeugung, daß nur die echte Familie, durch Blutsbande verbunden, einerseits den aufwachsenden Kindern eine wirkliche Geborgenheit vermitteln kann, andererseits aber auch den Eltern die überzeugenden Motive dafür verschafft, sich den mit der Aufzucht von Kindern verbundenen Mühen zu unterziehen. An diesem Normalfall gemessen, erscheinen alle anderen Varianten – auch die Zweitfamilie – bestenfalls als Ersatzlösung, wenn nicht sogar als verdächtig. Ist nicht schon in den alten Märchen von der „bösen Stiefmutter“ die Rede? Bis heute kann alles mögliche „stiefmütterlich behandelt“, also vernachlässigt werden, so sehr ist diese Vorstellung in unsere Umgangssprache eingegangen. Und erst die bösen Stiefväter! Welche Motive können sie schon haben, anderer Leute Kinder großzuziehen?

Nun haben die alten Märchen und Volksweisheiten immer auch einen richtigen Kern, aber sie künden eben von *alten* Zeiten, z. B. davon, daß, wer arm war, verständlicherweise lieber eigene als fremde Kinder als Mitesser an seinem Tisch hatte. Und wer reich war, dachte an die Erbfolge und war schon deshalb weniger bereit, mit fremden Kindern zu teilen.

Einer meiner Großväter, der um die Jahrhundertwende als Ungelernter aus Schlesien in den Ruhrbergbau kam, erwarb sich in seinem Milieu großes Ansehen, als er in sehr jungen Jahren die Frau seines Freundes heiratete, weil er am Totenbett versprochen hatte, sich um sie und ihre beiden Kinder zu kümmern. Das war unter den damaligen sozialen Bedingungen – „Liebe“ hin oder her – praktisch nur durch Heirat möglich. Diese Tat verschaffte ihm innerhalb der Familie, aber auch in deren sozialem Umfeld ein hohes Ansehen, soziologisch gesprochen: einen Status. Dieser bestand einerseits in der öffentlichen Anerkennung seiner Rolle als

Ehemann und Stiefvater – er war nun wer –, andererseits konnte er diese Anerkennung als Selbstbewußtsein verbuchen, das ihm seine vor allem ökonomisch ungemein schwierige Aufgabe zu erleichtern vermochte.

Heute hat ein Stiefvater überhaupt keinen erkennbaren Status mehr. Das hat vor allem zwei Gründe: Einmal ist er nicht mehr so dringend erforderlich, um das wirtschaftliche Überleben einer Familie zu sichern, wie noch zur Zeit meines Großvaters. Zum anderen hat sich gerade in den letzten Jahrzehnten eine psychologisierende Sicht – die Familie als Beziehungssystem – durchgesetzt, die uns noch öfter kritisch beschäftigen wird. In ihr hat die Familie als *soziales* Phänomen, als *Gemeinschaft*, keinen rechten Ort. In diesem Zusammenhang ist es dann plausibel, einen Stiefvater als jemanden zu betrachten, der eigentlich nur mit der Frau zusammenleben möchte und dabei eben die Kinder in Kauf nimmt. Der fehlende Status in der öffentlichen Anerkennung schlägt folgerichtig auf seine Position in der Familie durch, verunsichert sein Verhältnis zur Frau und zu den Kindern, und dies kann – wie wir noch sehen werden – zu falschen Einschätzungen und Reaktionen führen, die dann leicht die Stabilität der neuen Familie gefährden.

Die eigentliche Herausforderung der Zweitfamilie ist, daß sie uns zwingt, über Sinn und Zweck der Familie als menschliche Basisorganisation nachzudenken und uns dabei die vielen Vorurteile bewußt zu machen, die wir der alten Familienvorstellung verdanken. Vor allem aber zwingt sie uns, unsere pädagogischen Vorstellungen zu überprüfen: Was ist für Kinder wirklich wichtig, damit sie befriedigend aufwachsen können? Ist es in erster Linie die Blutsverwandtschaft, die emotionale Intensität der Beziehungen oder die soziale Zuverlässigkeit des Alltagslebens? Meine These ist: Am wichtigsten für Kinder ist die soziale Zuverlässigkeit, die Familie als „sozialer Heimathafen". Im übrigen holen sie sich das, was sie brauchen, wenn man sie läßt.

Für Erwachsene, die in einer Zweitfamilie leben, und für diejenigen, die erwägen, eine solche zu gründen, ist die Klärung dieser Fragen und der damit verbundenen Tabus und Vorurteile von großer Bedeutung. Es ist heute üblich geworden zu betonen, man müsse mit allen Beteiligten über alles reden. Das ist richtig, aber es reicht nicht aus; denn das Ergebnis könnte auch sein, daß sich dabei die Vorurteile nur verstärken. Zumindest die Erwachsenen müssen vielmehr einen Standpunkt haben, sie müssen wissen, worauf es ankommt, was wirklich wichtig ist und was weniger, sowohl für sie selbst als auch für die Kinder. Das standpunktlose, immer relativierende Dauerpalaver irritiert diese um so mehr, je kleiner sie sind. Wer z. B. die Liebe zu seinen Kindern von der Liebe zu seinem Partner nicht unterscheidet, der kann noch so viel darüber reden, es wird ihn nicht weiterbringen. Die Vorstellungen, das Denken und die bisherigen Erfahrungen müssen überprüft werden; sie müssen nicht nur „irgendwie" sein, sondern möglichst richtig, d. h. der Wirklichkeit entsprechend.

Davon soll dieses Buch handeln; dabei beschränke ich mich auf die meistverbreitete Variante der Zweitfamilie: Zwei Geschiedene heiraten (oder leben ohne Trauschein zusammen), wobei die Frau wenigstens ein Kind mit in diese neue Ehe bringt, dessen leiblicher Vater noch lebt, während der neue soziale Vater (Stiefvater) entweder keine Kinder hat, oder sie leben bei seiner geschiedenen Frau, oder sie sind bereits erwachsen, also außer Haus. Ich möchte bei diesem häufigsten Fall bleiben, weil es wenig leserfreundlich wäre, immer wieder auf Varianten eingehen zu müssen (was ist, wenn der leibliche Vater nicht mehr lebt oder sich vollkommen von seinen Kindern zurückgezogen hat oder wenn der Stiefvater ebenfalls Kinder in die neue Ehe einbringt oder wenn aus der neuen Verbindung noch ein gemeinsames Kind geboren wird usw.).

Im ersten Teil des Buches wird also beschrieben, wie aus einer Trennung von der Erstfamilie zunächst eine Alleinerzieherfamilie, dann eine Zweitfamilie entsteht und welche besonders wichtigen Probleme auf diesem Weg im Hinblick auf die Kinder zu bewältigen sind. Strenggenommen ist dabei die Zweitfamilie eigentlich schon die Drittfamilie, weil ich auch die Alleinerzieherfamilie als einen vollwertigen Familientyp betrachte. In unserem Fall jedoch ist sie nur ein Zwischenstadium.

Im zweiten Teil versuche ich, aus den Einsichten und Erkenntnissen des ersten Teils einige systematische Schlußfolgerungen über die pädagogische Bedeutung der Familie heute zu ziehen. Sie gelten nach meiner Meinung zwar im Prinzip für *alle* Familien, aber im Unterschied zu den bisherigen familienpädagogischen Vorstellungen, die aus dem „Normalfall“ der Erstfamilie abgeleitet sind, werden dabei die Erfahrungen aus Alleinerzieherfamilien und Zweitfamilien besonders berücksichtigt. Die führen u. a. dazu, die familienpädagogischen Vorstellungen zu entmystifizieren und das Nachdenken darüber, was für Kinder wirklich wichtig ist, zu versachlichen. Dabei werden vor allem die Grenzen der in den letzten 20 Jahren dominant gewordenen psychologischen Betrachtungsweise deutlich.

Da ich Erziehungswissenschaftler bin, stehen überhaupt die Kinder im Mittelpunkt meines Interesses. Für Probleme der Partnersuche und der Gestaltung des partnerschaftlichen Zusammenlebens vermag ich keine Ratschläge zu geben, diese Fragen kann ich nur insoweit aufgreifen, als sie im Hinblick auf die Kinder von Interesse sind. Wie den Literaturhinweisen im Anhang zu entnehmen ist, hat sich die Wissenschaft für unser Thema leider kaum interessiert, weil sie sich bisher am Typus der Normalfamilie orientiert und alle davon abweichenden Formen als grundsätzlich defizitär betrachtet hat. Erst in den letzten Jahren sind Erfahrungsberichte und auch einige wissenschaftliche Untersuchungen veröffentlicht worden, die ich mit eigenen, persönlichen Erfahrungen als Vater und Stiefvater verbinden kann.

Vor allem kommt es mir auch darauf an, durch die Wortwahl den vorhandenen Vorurteilen und Diskriminierungen entgegenzuwirken. Ich spreche von Erstfamilie und Zweitfamilie im Sinne eines zeitlich-biographischen Nacheinanders, nicht im Sinne einer vergleichenden Wertung. Hinsichtlich der noch herrschenden gesellschaftlichen Norm und auch der statistischen Häufigkeit gilt zwar die Erstfamilie immer noch als Normalfall, aber für viele betroffene Kinder, die in ihrer Erstfamilie nicht besonders glücklich sein konnten, ist die Alleinerzieherfamilie oder die Zweitfamilie auch im wertenden Sinne *ihr* Normalfall. Ich gebe zu, daß der Begriff Zweitfamilie zunächst falsche Assoziationen wecken kann (Zweitauto, Zweitwohnung), als ob man in zwei Familien gleichzeitig leben könnte. Aber ich hoffe, daß dieses Mißverständnis schnell ausgeräumt werden kann.

Ferner schlage ich vor, im Unterschied zur leiblichen oder biologischen Mutterschaft bzw. Vaterschaft von der sozialen zu sprechen und damit das sprachliche und gedankliche Umfeld von Stiefeltern zu vermeiden. Ebenso spreche ich von Alleinerzieherfamilien. In der Wissenschaft findet sich auch der Begriff Ein-Elternteil-Familie, gegen den ich keine sachlichen Einwände habe, außer daß er alltagssprachlich etwas schwerfälliger klingt. Jedenfalls wende ich mich gegen in der Wissenschaft ebenfalls übliche Bezeichnungen wie „unvollständige“ oder „gestörte“, „zerrüttete“, „irreguläre“ oder „nicht-normale“ Familien, weil solche Zuschreibungen, wie noch zu zeigen sein wird, selbst ein wichtiger Teil der Probleme solcher Familien sind.

Den Leser bitte ich, seine eigenen Erfahrungen zu mobilisieren; fast jeder von uns kennt zumindest in seinem Verwandten- und Freundeskreis praktische Beispiele für Zweitfamilien. Trifft das, was in diesem Buch steht, für diese Fälle zu oder warum verhält es sich dort anders?

I.
Von der Scheidung zur Zweitfamilie

1. Die Zeit der Trauerarbeit und der sozialen Konsolidierung

Bevor von der Zweitehe bzw. Zweitfamilie die Rede ist, muß von den alleinerziehenden Müttern und ihren Kindern gesprochen werden, also von der Zeit nach der Trennung bzw. Scheidung. Wenn es in den ersten ein bis zwei Jahren danach „gut läuft", dann gelingt zweierlei:

1. Die Mutter stellt sich der nötigen Trauerarbeit – wie die Psychologen das nennen.

2. Die Kinder gewinnen Vertrauen zu ihrer neuen, wenn auch um den Vater verkürzten Basissozialität Familie.

Die Mutter muß diese Trauerarbeit leisten, d. h. sich darüber klar werden, *warum* ihre Ehe und Erstfamilie gescheitert ist. Bleibt das für sie unaufgeklärt, wird sie nur schwerlich in der Lage sein, eine verbindliche Beziehung zu einem neuen Partner einzugehen, und sie wird möglicherweise mit ihren unverarbeiteten Gefühlen, ihren Ressentiments und ihrer emotionalen Unausgeglichenheit pädagogisch problematisch auf die Kinder wirken. Wer auf die Dauer eine neue Beziehung zu einem Partner nicht mehr eingehen *könnte* – ob man das *will*, ist eine ganz andere Frage – wird wahrscheinlich auch problematisch mit seinen Kindern umgehen, weil er dann z. B. geneigt ist, zu viel „Partnerersatz" von ihnen zu fordern. Das gilt übrigens für Männer genauso, aber von ihnen ist später die Rede, weil sie in unserem Modell ja erst später dazukommen.

In der ersten Zeit nach der Trennung werden entscheidende Weichen gestellt für die künftige soziale Beziehungsfähigkeit der Mutter wie der Kinder. So ist die Versuchung sehr groß, die Mühe der Trauerarbeit dadurch zu umgehen, daß man ein besonders enges, emotional geradezu symbiotisches Verhältnis wie im Mutterleib zu den Kindern anstrebt. Dem kommen diese oft aus Angst vor weiterem Trennungsschmerz entgegen. „Im Kopf" weiß jede Mutter wohl, wie verhängnisvoll ein solches Verhalten sein kann; denn Kinder sind nicht unser Eigentum, sie werden geboren, um uns zu verlassen, jeden Tag ein Stück mehr, während wir von unserem erwachsenen Partner im Gegenteil erhoffen, daß er uns *nicht* verläßt. (Darin liegt ja der wesentliche Grund dafür, daß Kindesliebe und Gattenliebe nicht dasselbe sein können und dürfen.) Die Familie – gleich, welche Eltern-Kinder-Konstellation sie hat – darf also dieses Weggehen der Kinder nicht unnötig erschweren.

Die Trauerarbeit ist dann einigermaßen erfolgreich beendet, wenn man seine eigenen Fehler erkennen und darüber reden kann, ohne von der Schlechtigkeit und Schuld des ehemaligen Partners überwältigt zu werden. Nur die Einsicht in die eigenen Fehler hilft weiter, nicht in die des anderen.

Trauerarbeit ist zu einem wichtigen Teil einsame Arbeit an stillen Abenden oder leeren Sonntagen, wo einem „die Decke auf den Kopf fällt", aber man braucht dafür auch Erwachsene, Freunde oder möglicherweise einen beratenden Psychologen. Die Kinder sind auch dann unter keinen Umständen Partner dafür, wenn sie je nach Alter auf ihre Weise ihre Trauer bearbeiten wollen. Dann ist die Mutter ein Helfer, der angesprochen werden kann, aber kein Partner; denn die Trauer der Kinder ist in der Regel eine andere als die der Mutter. Möglicherweise sind sie traurig, weil sie ihren Vater gerne wieder bei sich hätten, was die Mutter vielleicht gerade nicht will. Deshalb können Kinder ihr dabei kaum helfen, und es verwirrt sie nur, wenn sie die Mutter in dieser Zeit ständig jammernd und depressiv erleben und nicht recht wissen, was sie tun können, um ihr zu helfen. Eine Hilfe in diesem Prozeß der Trauerarbeit sind die Kinder allenfalls in dem Sinne, daß sie als lebendige Aufgabe dastehen und ganz banal versorgt, betreut und beaufsichtigt werden müssen.

Ein wichtiger Punkt der Trauerarbeit ist die Bearbeitung des schlechten Gewissens. Eine Trennung oder Scheidung ist die Sache zweier Erwachsener, insofern wäre sie nicht weiter der Rede wert. Wenn aber Kinder davon betroffen sind, die als Opfer einer solchen Entscheidung dastehen und um die dann möglicherweise jene unwürdigen Kämpfe um das Sorgerecht entbrennen, dann reagiert die öffentliche Meinung immer noch negativ. Hätte man – gemeint ist in erster Linie immer noch die Frau, die Mutter – der Kinder wegen nicht doch lieber zurückstecken sollen, bis sie herangewachsen sind? Hätte man die Fehler vermeiden können, die man jetzt schon sieht, und damit die Ehe und Familie retten können? Vielleicht war ein anderer Mann (eine andere Frau) im Spiel, und die Kinder wissen davon oder werden es irgendwann erfahren – wie kann man das dann vor ihnen rechtfertigen?

Solche Gewissensfragen kann sich jeder nur persönlich beantworten, wobei nicht zuletzt seine religiöse Grundeinstellung eine Rolle spielt. Uns interessieren hier in erster Linie die Kinder, und für sie ist die Entscheidung nun einmal gefallen, deshalb kann es für sie nicht um die *Vergangenheit* gehen, an der sich das schlechte Gewissen orientiert, sondern nur um die *Zukunft*, und unter diesem Aspekt ist schlechtes Gewissen für sie völlig unergiebig, weil es sich nicht einmal auf ihre eigene Vergangenheit bezieht, sondern nur auf die Vergangenheit ihrer Eltern.

Trotz der hohen Scheidungsraten und wegen der ständigen Hinweise darauf, wie Kinder unter den Scheidungsfolgen leiden, tritt man ihnen mit diesem schlechten Gewissen entgegen und versucht, es besonders gut zu machen, ihnen besonders große Aufmerksamkeit zu widmen, ihnen Wünsche von den Augen abzulesen, sie zu verwöhnen. Aber ein schlechtes Gewissen ist immer schon ein schlechter pädagogischer Ratgeber gewesen, davon haben die Kinder nichts, jedenfalls nichts Gutes. Es verführt die Erwachsenen eher dazu, ihre pädagogische Verantwortung zu verdrängen, indem sie die Kinder z. B. verwöhnen, ihnen keine sozialen Gegenleistungen mehr abverlangen und sie zu emotionalen Erpressern machen („Wenn du mir das nicht gibst, gehe ich zum Vater!“). Der Wunsch, es besonders gut zu machen oder vielleicht den anderen zu zeigen, daß man die Kinder ebenso gut, wenn nicht besser allein erziehen kann, ist menschlich verständlich, aber Ehrgeiz am falschen Platz.

Kinder wollen im allgemeinen etwas ganz anderes, nämlich ein „stinknormales“ Leben führen. Und genau das ist die entscheidende Aufgabe nach einer Trennung: daß nun wieder Ruhe einkehrt, daß alles seinen normalen Gang geht, Kindergarten, Schule, Freizeit, gemeinsame Mahlzeiten, Treffen mit Freunden usw. Das möchte ich als soziale Konsolidierung bezeichnen: die Wiederherstellung eines verläßlichen Alltags, die Rückkehr zur Tagesordnung, das Ende der Streitereien, die Wiederherstellung eines angemessenen sozialen und emotionalen Klimas, kurzum, die Erfahrung, daß das Leben weitergeht.

Zu dieser Normalität gehört auch, daß die Mutter ihre Kinder nach der Trennung möglichst nicht anders behandelt als vorher, sich gar nicht erst Gedanken darüber macht, daß sie nun den Vater ersetzen müsse, daß die Kinder dies von ihr verlangten usw. Sich normal zu verhalten ist nicht zuletzt deshalb schwierig, weil von der Umwelt eine Art von Stigmatisierung ausgeht, die man leicht ins eigene Selbstbild übernimmt: Wo der Vater fehle, könne aus der Erziehung der Kinder wohl nichts Rechtes werden. Werden in einer Erstfamilie die Kinder auffällig, gilt das als einigermaßen normal, bei einer Alleinerzieherfamilie hat man die Erklärung dafür gleich bei der Hand. Also denkt man irgendwann selbst so und wird empfindlich gegenüber objektiv ganz harmlos gemeinten Bemerkungen von Lehrern oder Nachbarn. Gerade in der Zeit nach der Trennung, wo die Trauerarbeit noch nicht beendet ist, kann so ein problematischer Kreislauf entstehen: Man mißversteht die anderen, reagiert darauf ebenfalls mißverständlich, was wiederum die anderen mißverstehen usw.

Andererseits gibt es inzwischen so viele Scheidungskinder, daß sie keineswegs mehr Außenseiter werden müssen. So zynisch es klingt, aber die Gesellschaft beginnt sich langsam daran zu gewöhnen.

Meist schon während der Scheidungskrise und oft nach einer Trennung reagieren die Kinder mit Auffälligkeiten. Das ist normal und bedarf im allgemeinen keiner Psychopharmaka und keines Psychotherapeuten. Selbst wenn ein Schuljahr wegen der abfallenden Schulleistungen wiederholt werden muß, ist das höchstens insofern ein Beinbruch, als die Kinder dadurch die Bezugsgruppe ihrer Klassenkameraden verlieren. In solchen Leistungsabfällen wird erkennbar, daß das Großwerden für Kinder harte Arbeit ist, für die in bestimmten Situationen wie der Trennung von einem Elternteil dann eine Weile die Kraft fehlt; das Kind muß dann gleichsam ein wenig ausruhen können; insofern kann die Wiederholung eines Schuljahrs eine vernünftige Maßnahme sein. Eine besonders häufige Auffälligkeit bei Jungen ist zeitweiliges Bettnässen. Das ist mit besonderen Schamgefühlen (,,So ein großer Junge!") und auch mit Ohnmachtsgefühlen verbunden, weil der Junge meist träumt, er befinde sich auf einer Toilette, aber Traum und Wirklichkeit nicht unterscheiden kann. Das sollte dann möglichst nicht weiter problematisiert werden, etwa mit Psychopillen oder Psychotherapie. Eine Gummiunterlage zum Schutz der Matratze genügt nebst dem (wahrheitsgemäßen!) Hinweis: ,,Viele Jungen haben das eine Zeitlang, niemand weiß genau wieso, aber das ist nicht weiter schlimm, irgendwann hört das wieder auf!"

Unser Hinweis darauf, daß die Mutter ihre Kinder nicht zu Partnern ihrer Trauerarbeit machen dürfe, bedeutet natürlich nicht, daß überhaupt nicht mit ihnen über die Scheidung beziehungsweise Trennung gesprochen werden sollte. Weil die Kinder die einer Scheidung vorausgehenden Auseinandersetzungen nicht nur miterlebt haben, sondern dabei zugleich gelegentlich der Anlaß oder Auslöser waren, kann sich in ihnen – je nach Alter – die Vermutung festsetzen, sie seien zumindest mitschuldig, weil sie ,,nicht artig" gewesen sind. Dieses schlechte Gewissen sollte so schnell wie möglich angesprochen und ausgeräumt werden, weil es die Kinder empfindlich belasten kann. Dabei muß man keineswegs trickreich pädagogisieren, denn Kinder sind niemals verantwortlich für das, was Erwachsene tun. Die Schwierigkeit während der Zeit der Trauerarbeit besteht allerdings darin, daß man sehr geneigt ist, die Schuld am Scheitern auch vor den Ohren der Kinder dem ehemaligen Partner zuzuschieben. Das ist ein wichtiger Grund dafür, weshalb man die Kinder dabei nicht zum Partner machen darf, denn sie müssen von nun an ihren eigenen Zugang zum weggegangenen Vater finden, und dieser Weg führt nicht über die Probleme und Gefühle, die ihre Mutter zu bearbeiten hat.

Eine Zeitlang war es Mode, geschiedenen Frauen zu einer Therapie zu raten, weil sie sonst die Trauerarbeit nicht leisten und vor allem ihre wirklichen Bedürfnisse nicht entdecken könnten, die – so wurde unterstellt – in ihrer früheren Ehe und Familie und wahrscheinlich schon in ihrer Kindheit unterdrückt worden seien. Das ist – so generell verkündet – ein höchst problematischer Rat. Zunächst einmal ist eine Psychotheratpie eine *medizinische* Methode

– und das sollte sie auch bleiben –, die nur im Falle besonderer seelischer Leiden angewendet werden sollte, die mit den „Bordmitteln" des täglichen Lebens nicht zu bewältigen sind. Die Trauer über eine Trennung oder Scheidung oder über den Verlust des Partners ist aber auch dann etwas Normales, wenn sie eine Zeitlang mit psychosomatischen Beschwerden verbunden sein sollte. Zu den „Bordmitteln" gehören nicht nur die guten Freunde, sondern möglicherweise auch sogenannte Selbsthilfegruppen ohne therapeutische Absichten, in denen man andere Alleinerzieher mit den gleichen Problemen kennenlernt und von ihnen vielleicht einiges lernen kann. Problematisch ist eine Therapie im Hinblick auf die Kinder, weil sie unausweichlich dazu führt, sich selbst in den Mittelpunkt der eigenen Gefühle und Gedanken zu stellen und wenigstens zeitweise die soziale Unbefangenheit aufzugeben, die im Umgang mit den Kindern für deren Bedürfnis nach „Normalität" so wichtig ist.

Eine ganz andere Frage ist, ob man nicht eine gute, wirklich professionelle Familienberatung aufsuchen sollte, vor allem wenn dort bereits Erfahrungen mit Alleinerzieherfamilien vorliegen, wovon man in der Regel ausgehen kann. Das kann auch dann zweckmäßig sein, wenn man gar kein besonderes Problem – etwa im Hinblick auf die Kinder – vorzutragen hat. In der Regel verfügen solche Beratungsstellen nämlich über wichtige Informationen z. B. über Hilfen für die teilweise Versorgung der Kinder (Kindergartenplätze, Horte usw.) und über finanzielle Unterstützungsmöglichkeiten. Viele Menschen haben immer noch mehr oder weniger große Hemmungen, eine professionelle Beratung aufzusuchen, zumal wenn sie sich in einer schwierigen Lage befinden. Aber das moderne Leben ist für alle so kompliziert geworden, daß wir in vieler Hinsicht Beratung brauchen, und wir merken beispielsweise gar nicht mehr, wie oft wir uns etwa durch das Fernsehen oder beim Lesen von Zeitschriften „beraten" lassen. Es ist also keineswegs ehrenrührig, eine Beratung aufzusuchen, auch dann nicht, wenn dies mehrfach geschieht, weil z. B. auch die Kinder einbezogen werden sollen. Im Unterschied zu den Freunden und Bekannten hat der professionelle Berater zwei Vorteile: Erstens ist er emotional unbeteiligt und kann so besser den sachlichen Kern eines Problems entdecken, zweitens verfügt er über Erfahrungen in ähnlich gelagerten Fällen. Andererseits dürfen aber auch keine falschen Erwartungen gestellt werden: Lösen muß jeder sein Problem letzten Endes selbst, das kann der Berater nicht leisten.

Zur sozialen Konsolidierung gehört auch, was der russische Pädagoge Makarenko die „Perspektive" genannt hat, die „Freude auf den morgigen Tag". Wie geht es weiter? Worauf können wir uns alle freuen? Was machen wir im nächsten Urlaub? Es gibt immer etwas, was den Kindern Freude macht, wenn man sie fragt, was man demnächst einmal gemeinsam machen soll. Und in diesem Punkt, wo es um die Perspektive geht, also um die schöne Zukunft, darf man Kinder ruhig ein wenig verwöhnen, weil sie hier ihre eigene Aktivität und Phantasie einbringen können, im Unterschied zur üblichen alltäglichen Verwöhnung, wo sie leicht zu passiven Nutznießern werden. *„Stinknormal" leben, eine Perspektive haben und gebraucht werden – darauf kommt es für sie an.*

Da alleinerziehende Mütter in der Regel berufstätig sein müssen (falls sie nicht gar arbeitslos sind) und außerdem der Haushalt zu erledigen ist, sind sie auf die Mithilfe der Kinder oft angewiesen. Auf den ersten Blick scheint das eine Benachteiligung zu sein. Einer der häufigsten pädagogischen Mängel in Erstfamilien ist aber, daß die Kinder *nicht* zur Mitarbeit im Rahmen des gemeinsamen Haushaltes angehalten werden, infolgedessen unselbständig bleiben, in der Familie keine eigene Position gewinnen können und zu bloßen Nutznießern werden, von denen allenfalls die Erfüllung der schulischen Pflichten erwartet wird. An der Schwelle zum Erwachsenenalter behandeln sie ihre Mutter dann wie Paschas oder Prinzessinnen, weil sie an das Zum-Nulltarif-Versorgtwerden so gewöhnt sind, daß sie gar nicht mehr erwachsen werden – also die Verantwortung für sich selbst übernehmen – wollen oder können.

Nein, die Notwendigkeit der Mithilfe im Haushalt ist eine pädagogische Chance für die Herausbildung von Selbstbewußtsein und Verantwortungsgefühl und verdient keineswegs ein schlechtes Gewissen von seiten der Mutter. Selbst wenn sie auf diese Mithilfe gar nicht angewiesen ist, sollte – je nach Alter und Fähigkeit der Kinder – auf deren kontinuierliche Mitarbeit nicht verzichtet werden. Die Zeit, die die Mutter gewinnt, kann sie z. B. für den Umgang mit den Kindern verwenden. Angesichts der heutigen Haushaltstechnologie sind viele Arbeiten weder eine physische noch eine kognitive Überforderung für Kinder, allerdings werden sie – wenigstens in Kreisen der Mittelschicht – die Erfahrung machen, daß ihre Freunde es ,,besser" haben, weil sie nicht zur Mithilfe herangezogen werden und deshalb scheinbar mehr geliebt werden. Auf die Dauer werden aber die selbstbewußten und verantwortungsfreudigen Kinder von den anderen eher beneidet. Kinder brauchen wie Erwachsene das Gefühl und die Erfahrung, von denen, die ihnen nahestehen, auch gebraucht zu werden, und sie müssen die Erfahrung handgreiflich machen, müssen sehen und anfassen können, was sie für die anderen getan haben. Das pädagogische Elend in vielen normalen Mittelschichtfamilien besteht doch gerade darin, daß den Kindern solche Erfahrungen systematisch verweigert werden, daß sie zu emotionalen Objekten gemacht werden, die es besonders schwer haben, Verantwortung, Initiative und damit Selbstbewußtsein zu entwickeln. Generell gesehen ist nicht die berufstätige Mutter heute das pädagogische Problem, sondern die Nur-Hausfrau, die ihre ganze Energie auf die Familienmitglieder richtet und den Kindern, möglicherweise auch dem Mann, keinen eigenen Handlungsspielraum in der Familie mehr läßt.

Wie die erwähnte Hamburger Untersuchung von Napp-Peters zeigt, machen sich viel zu wenig Alleinerzieher die pädagogische Bedeutung der Mithilfe im Haushalt klar:

,,Obwohl die überwiegende Mehrheit der alleinerziehenden Eltern berufstätig ist, brauchen die meisten Schulkinder (52 Prozent) nicht im Haushalt zu helfen und sind auch sonst von Familienpflichten weitgehend freigestellt. Bei einigen Eltern resultiert die Verwöhnung ihrer Kinder offensichtlich aus Schuldgefühlen. Man möchte ausgleichen, was man dem Kind an Ehekonflikten o. a. nicht ersparen konnte. Ledige Mütter neigen besonders zur Verwöhnung. 65 Prozent der Schulkinder aus Familien mit lediger Mutter helfen nicht im Haushalt (im Vergleich zu 50 Prozent der

Kinder aus verwitweten und 47 Prozent aus geschiedenen Ehen, die nicht im Haushalt helfen).“*

Alleinerzieherfamilien werden offiziell mit dem diskriminierenden Attribut „unvollständig“ bezeichnet; deren Kinder, heißt es, hätten zusätzliche Probleme, weil ein Elternteil für die Erziehung ausfalle. Es gibt genug Statistiken, die das zu untermauern scheinen. Aber erstens haben sie eben nur statistischen Wert, d. h. sie gelten für das einzelne Kind oder die einzelne Familie nur mit einer gewissen, meist sehr niedrigen Wahrscheinlichkeit. Zweitens muß man sich fragen, woran eine Benachteiligung liegen könnte, wenn sie festgestellt wird. Liegt es vielleicht auch daran, daß den Kindern und ihren Eltern dies eingeredet wird von den Medien, den Nachbarn, den Freunden, den Lehrern? Dann findet hier eine gesellschaftliche Diskriminierung von der Art statt, daß jemand irgendwann anfängt zu bellen, wenn man ihn nur lange genug einen Hund nennt. Viele Probleme entstehen tatsächlich durch solche gesellschaftlichen Zuschreibungen, die sich dann irgendwann selbst erfüllen, so daß man sich nicht mehr für normal hält, wenn man dieses Problem noch nicht hat.

Diesen Mechanismus kann man an bestimmten kulturellen Moden studieren. So war es in bestimmten Kreisen der Mittelschicht eine Weile durch Gruppendruck reproduzierte Mode, Selbsterfahrungsgruppen aufzusuchen oder sich anderer Formen therapeutischer oder pseudo-therapeutischer Verfahren zu bedienen, als ob man nicht ganz normal sei, wenn man kein entsprechendes Problem sein eigen nennen könne.

Sogenannte wissenschaftliche Erkenntnisse sind also in diesem Zusammenhang mit großer Vorsicht zu genießen, weil erstens – wie bereits gesagt – statistische Ergebnisse für den Einzelfall nur mit einer gewissen Wahrscheinlichkeit zutreffen (es gibt keine wissenschaftliche Theorie für ein einzelnes Kind oder eine einzelne Familie). Zweitens sind solche wissenschaftlichen Resultate immer aus dem Lebenszusammenhang herausgerissen, bilden diesen nicht ab, sondern müssen, wenn überhaupt etwas herauskommen soll, einige Gesichtspunkte bzw. Faktoren herausgreifen und alle ande-

---

* Napp-Peters, S. 94

ren vernachlässigen. Drittens bilden solche Untersuchungen und Erhebungen nur den Ist-Zustand ab, also auch die in der Öffentlichkeit herrschenden Vorurteile, die dann, wie wir sahen, als sich selbst erfüllende Prophezeiung auf die Wirklichkeit zurückwirken und z. B. den Alleinerziehenden eine geringere Chance für erfolgreiche Kindererziehung zuschreiben. Prompt verhalten die sich entsprechend, so daß sie auf diese Weise Probleme kriegen, die sie eigentlich nicht haben müßten.

Es gibt, um es klar zu sagen, keinen wissenschaftlichen Beweis dafür, daß eine Alleinerzieherfamilie *im Prinzip* eine geringere Chance für ein befriedigendes Aufwachsen der Kinder hätte als eine sogenannte normale Erstfamilie. Die Alleinerzieherfamilie hat im wesentlichen zwei Probleme, die jedoch auch anderen Familien nicht fremd sein müssen.

Als erste Gefahr wurde schon erwähnt, daß die Mütter unter dem Eindruck der Trennungserfahrungen und dessen, was vorausging, für ihre Kinder keine soziale Konsolidierung einleiten, sondern sie in einen emotionalen Käfig sperren, sie wegen des schlechten Gewissens emotional besonders eng umklammern. Dies geschieht oft auch in der Form, daß sie ihren Sohn bzw. ihren ältesten Sohn zu ihrem Vertrauten machen, mit dem sie besprechen und erörtern, was sie sonst mit ihrem erwachsenen Partner bereden würden. Hier wird dann die sogenannte Generationen-Trennung aufgehoben, und die Kinder werden in eine Rolle gedrängt, die sie überfordern muß.

Die zweite Gefahr ist eine sozialpolitische und besteht darin, daß der Kampf um die wirtschaftliche Existenzsicherung – vor allem, wenn kein oder nur ein unzureichender Unterhalt für die Kinder gezahlt wird – die Kräfte aufzehrt, die für einen gelassenen und optimistischen Umgang mit den Kindern erforderlich sind. Dazu einige Zahlen: Nur 53 % der ledigen Mütter können nach der Untersuchung von Napp-Peters mit regelmäßigem Unterhalt für ihr Kind rechnen; 71 % der nicht erwerbstätigen ledigen Mütter leben von der Sozialhilfe, von den nicht erwerbstätigen geschiedenen Eltern (hier sind die Väter mitgerechnet) beziehen 72 Prozent Sozialhilfe. „Nur 42 Prozent der geschiedenen Eltern erhalten regelmäßigen Unterhalt für ihre Kinder. Bei 18 Prozent wird der Unterhalt nicht regelmäßig oder vermindert gezahlt. 26 Prozent haben *noch nie* Unterhaltsleistungen erhalten... Etwa ein Drittel der Eltern, die nie oder nur unregelmäßig Unterhalt erhalten haben, hat nichts gegen das Ausbleiben der Zahlungen unternommen."*

Inzwischen sind bei den Jugendämtern Unterhaltsvorschußkassen eingerichtet, die ausbleibende Unterhaltszahlungen vorstrekken, aber nur für Kinder bis zum sechsten Lebensjahr. Die erwähnte Untersuchung, die zwar nicht repräsentativ für die ganze Bundesrepublik sein kann, aber doch wohl die Größenordnungen einigermaßen wiedergibt, zeigt eindrucksvoll und anschaulich, unter welch harten finanziellen Bedingungen alleinerziehende Mütter (übrigens auch viele Väter) leben müssen. Darüber muß zunächst einmal geredet werden, wenn von den Erziehungschancen der Alleinerzieherfamilie gesprochen wird. Zu fordern wäre z. B., daß der Staat für alle minderjährigen Kinder den Unterhalt vorschießt, wenn er nicht freiwillig gezahlt wird, und daß er sich den Unterhalt von den Säumigen zurückholt.

Früher gerieten Frauen, die – aus welchen Gründen auch immer – ihre Kinder allein aufziehen mußten, meist in noch größere finanzielle Bedrängnis als heute und hatten deshalb auch größere Schwierigkeiten, ihre Kinder zu erziehen. Insofern hatten die Wissenschaftler Recht, wenn sie dies feststellten, aber das lag dann nicht in erster Linie daran, daß der Vater als Bezugsperson fehlte, sondern an den finanziellen und sozialen Bedingungen des Aufwachsens.

Alles andere, was die Erziehungsfähigkeit der Alleinerzieherfamilie angeblich prinzipiell einschränkt, beruht auf Vorurteilen. Das gilt auch für die Behauptung, die Kinder müßten nach Möglichkeit mit beiden Elternteilen, also auch mit einem Vater oder jedenfalls mit einem erwachsenen Mann aufwachsen. Sie mag statistisch immer noch weitgehend richtig sein, aber jede Familie ist ein Einzelfall und jede Familie hat die Handlungsfreiheit, ihren Einzelfall möglichst gut zu gestalten.

Eine solche Behauptung war vielleicht einigermaßen plausibel,

---

* Napp-Peters, S. 64

solange Mutter- und Vaterrolle klar geteilt waren: Der Vater verdiente den Unterhalt der Familie und vertrat insofern das Realitätsprinzip, d. h. er wußte Bescheid, wie es im Leben zuging und worauf es ankam, und von daher griff er in die Erziehung ein. Die Mutter war nicht berufstätig, kümmerte sich um das Haus und versorgte ihre Familienmitglieder; sie vertrat das Prinzip der Wärme und Geborgenheit. Wäre in einer solchen Familienkonstellation ein Kind ohne Vater aufgewachsen, so hätte es eine gewisse Wahrscheinlichkeit gegeben, daß es weltfremd und verweichlicht geworden wäre, weil die Auseinandersetzung mit den außerhalb der familiären Gegebenheiten auftretenden Ansprüchen der Lebenswirklichkeit nur schwer möglich gewesen wäre. Heute dagegen stehen die Frauen in der Regel selbst im Berufsleben und können das Realitätsprinzip aus eigener Erfahrung in die Kindererziehung einbringen, wobei für viele eine Schwierigkeit darin besteht, es vernünftig mit dem Prinzip der Wärme und Geborgenheit zu vermitteln. Sie erleben in ihrer eigenen Person den Konflikt zwischen dem Realitätsprinzip, das sie dazu bringen müßte, unmißverständliche Forderungen an die Kinder zu stellen, und dem ihnen überlieferten Prinzip der Wärme und Geborgenheit.

Noch eine weitere Veränderung ist wichtig. Früher war die Familie weit mehr von der Außenwelt abgeschlossen. Was an Erziehung in ihr geschah, war also wirkungsvoller als heute. Inzwischen ist die Familie nach außen hin viel offener geworden, ihre Mitglieder – die Kinder spätestens vom Schuleintritt an – richten ihren Blick viel mehr nach außen, die gleichaltrigen Freunde spielen eine größere Rolle als noch vor wenigen Jahrzehnten. Dadurch sind einerseits die pädagogischen Einflußmöglichkeiten des Elternhauses, also auch die des Vaters, geschwunden, andererseits ergeben sich für Kinder sehr viel mehr Möglichkeiten zu Außenkontakten und damit auch zu Kompensationen. Sie finden Männer im Verwandten- und Freundeskreis der Mutter, und vor allem lernen sie schon früh einen Teil des Realitätsprinzips im Rahmen ihrer Freizeitkontakte und der Schule kennen. Auch hier gilt: Was die Kinder an Kontakten brauchen, werden sie sich auch holen, wenn man sie läßt.

Vom Realitätsprinzip einmal abgesehen, hat sich auch sonst die

Polarisierung von Männlichkeit und Weiblichkeit erheblich vermindert. Männliche Tugenden und Verhaltensweisen wie Kraft, Mut, Verantwortungsfreude, Aggressivität, Sachlichkeit unterliegen seit langem einer öffentlichen Diskriminierung, und zumindestens auf der „Beziehungsebene" werden sie den weiblichen immer mehr angenähert, so daß man schon spöttisch von „Pammis" (Väter, die sich mütterlich verhalten wollen) und „Mappis" (Mütter, die sich diesem Verhalten der Väter ihrerseits annähern) gesprochen hat. Wie immer man diese Entwicklung beurteilen will – man kann z. B. darauf hinweisen, daß diese Rollenannäherung die weibliche bzw. männliche Identitätsfindung möglicherweise erschwert – so liegt doch auf der Hand, daß dieser kulturelle Prozeß die Dringlichkeit der Erziehungsbetätigung des Mannes (umgekehrt natürlich auch der Frau!) deutlich herabsetzt. Abgesehen davon werden viele alleinerziehende Mütter auch Männer zu ihren Freunden zählen, die die Familie besuchen und sich bis zu einem gewissen Grade auch als Gäste der Kinder verstehen.

Nein, zum pädagogisch befriedigenden Aufwachsen brauchen Kinder heute nicht mehr unbedingt mit einem erwachsenen Mann rund um die Uhr zusammen zu leben. Eine ganz andere Sache ist es, daß man dem Kind den Zugang zu seinem von der Mutter getrennt lebenden Vater nicht verbauen darf, aber davon wird später die Rede sein.

Problematisch ist aber etwas anderes, was meist übersehen wird, nämlich die Einstellung der Mutter zu Männern überhaupt, die sie dann auf die Kinder überträgt. Oft geht der Haß gegen den „Ex" so weit, daß daraus überhaupt Männerfeindlichkeit entsteht, die durch Verhalten und Erklärungen auf die Kinder übertragen wird und deren Männerbild dann nachhaltig bestimmen kann – beim Sohn anders als bei der Tochter. Bei jenem besteht dann die Gefahr, daß er das negative Männerbild in sein Selbstbild übernimmt und Schwierigkeiten bekommt, seine männliche Identität zu finden. Bei der Tochter kann es dazu führen, daß sie grundsätzlich mißtrauisch gegenüber Männern aufwächst und später Probleme bekommt, eine verläßliche Beziehung einzugehen. Dies sind übrigens subtile Punkte, die man sich meist gar nicht bewußt macht. Man braucht deshalb gute Freunde, die einem im Hinblick auf die

Kinder solche Entwicklungen aufzeigen. Darum sollte man sie in einer solchen Lage ausdrücklich bitten, und die besten sind dann die „Unangenehmen", nicht die Jasager.

Es kommt also darauf an, wie die Mutter mit der vaterlosen Situation umgeht. Sie kann z. B. sagen: „Leider konnte ich mit Eurem Vater nicht mehr zusammenleben, weil wir uns einfach nicht mehr verstanden haben. Nun müssen wir erst einmal ohne Mann leben; denn ich kann nicht den erstbesten heiraten, ich muß ihn ja auch liebhaben können und er mich auch; außerdem muß er nett zu Euch sein." Ein solcher Tenor läßt ohne jede generelle Diskriminierung die Frage offen, ob die Mutter in Zukunft wieder mit einem Mann zusammenleben wird. Anders wäre es, wenn es etwa hieße: „Ich bin froh, daß ich Euren Vater los bin, und ich denke nicht daran, jemals wieder mit einem Mann zusammenzuleben; das sind sowieso alles Strolche!"

Ein weiteres Vorurteil in diesem Zusammenhang ist, daß die Kinder alleinerziehender Mütter, sofern diese berufstätig sind, dadurch notwendigerweise vernachlässigt würden. Jahrelang hat es um die sogenannten Schlüsselkinder – die mit dem Schlüssel um den Hals nach Hause kommen und eine leere Wohnung vorfinden – regelrechte Kampagnen gegeben, um die Mütter zu bewegen, sich lieber um die Kinder zu kümmern als Geld zu verdienen. Die meisten können sich diese Alternative bis heute aus finanziellen Gründen gar nicht aussuchen.

Ob ein Kind in diesem Sinne ein Schlüsselkind ist oder nicht, ist für sich genommen bedeutungslos. Wenn solche Kinder irgendwie auffällig werden und erkennen lassen, daß mit ihrer Entwicklung etwas nicht stimmt, dann liegt das niemals an solchen äußeren Bedingungen, sondern daran, daß an der familiären Situation, eben an der sozialen Zuverlässigkeit der Familie etwas nicht stimmt. Ein Kind, das Vertrauen in diese soziale Zuverlässigkeit hat – und solches Vertrauen muß sich immer wieder neu bestätigen, es ist nicht irgendwann ein für allemal da –, wird sich von solchen äußeren Bedingungen seines Lebens nicht weiter beeindrucken lassen. Kinder erkennen fast immer derartige Tatsachen an, wenn sie sich damit abfinden müssen. Das gilt auch für wirtschaftliche und finanzielle Einschränkungen, was selbstverständlich nicht heißen soll, es schade ihnen nicht, wenn beispielsweise zahlungssäumige Väter sie ihnen auferlegen.

Die Alleinerzieherfamilie hat also das Problem, daß ein einziger Erwachsener eine Balance finden muß zwischen beruflicher Tätigkeit und Familienleben, ohne daß er sich mit einem Partner die Arbeit in der Familie und die Betreuung der Kinder teilen kann. Diese Situation zwingt eigentlich dazu, einmal, wie schon erwähnt, die Kinder je nach Alter an der Haushaltsarbeit zu beteiligen, damit gemeinsame Zeit damit gewonnen werden kann. Natürlich würde eine bezahlte Hilfe denselben Zweck ebenfalls erfüllen. Ferner ist – je nach Alter der Kinder – an andere Entlastungsmöglichkeiten wie Kinderkrippen, Kindergärten, Ganztagsschulen, Freizeitangebote der Jugendarbeit zu denken, aber auch an Entlastung auf Gegenseitigkeit durch Freunde in ähnlicher Lage, an Babysitter usw.

Die Alleinerzieherfamilie muß sich also nach außen öffnen, und das kann die Kinder mit Menschen zusammenbringen, von denen sie etwas lernen können. Voraussetzungen für solche Chancen, die einerseits darin bestehen, daß gemeinsame Zeit für die Familie gewonnen wird, andererseits darin, daß die übrige Zeit von den Kindern produktiv genutzt werden kann, sind allerdings eine entsprechende finanzielle Grundlage und ein öffentliches Dienstleistungsangebot; am Rande der Armutsgrenze gibt es solche Chancen kaum.

Andererseits wäre niemandem damit gedient, würde man die Situation der Alleinerzieherfamilie beschönigen. Sie wird nicht nur durch die oft miserable finanzielle Lage, durch die Stigmatisierung und die Versuchung einer zu engen emotionalen Bindung, sondern auch durch eine falsche Selbsteinschätzung belastet. Die Alleinerzieherfamilie *ist* keine Familie mit zwei Erwachsenen, deshalb darf sie sich diesen Typ auch nicht zum Maßstab nehmen. Wenn sie das tut, wird sie alles als Notlösung ansehen, was bei ihr anders sein muß, ohne daß sie die Chancen erkennt, die darin liegen könnten. Wird diese Einstellung auf die Kinder übertragen („Eigentlich würde ich das alles gerne anders haben, aber leider muß ich ja arbeiten ..."), dann glauben die Kinder sehr bald auch, daß sie benachteiligt sind, und belasten damit ihr Selbstwertgefühl. Wieso ist es aber eine Notlösung, wenn solche Kinder sich z. B. mehr an öffentlichen Orten aufhalten müssen als andere, etwa in Kindergärten und Ganztagsschulen? Es kommt doch ganz darauf an, was ihnen dort an Lern- und Gesellungsmöglichkeiten angeboten wird! In anderen Ländern, nicht nur des Ostblocks, sondern z. B. in Frankreich, ist es selbstverständlich, daß den Eltern während der Arbeitszeit ein öffentliches Angebot für einen sinnvollen Aufenthalt der Kinder gemacht wird, und ich kenne keine Beweise dafür, daß sie neurotischer oder sonst entwicklungsgestörter wären als unsere. Die Konstruktion unseres sozialen Lebens geht immer noch davon aus, daß die Mutter am heimischen Herd bleibt; tut sie das nicht, dann ist es eben *ihr* Problem.

Ein wichtiger Vorteil der Alleinerzieherfamilie ist nicht zuletzt, daß es hier eine Reihe von Konflikten nicht gibt, die im Zusammenleben zweier Erwachsener entstehen können. Die Sozialstruktur einer solchen Familie ist einfacher, so daß Erziehungsentscheidungen leichter getroffen werden können.

2. Was Kinder wirklich brauchen, oder: Was heißt erziehen?

Die bisherigen Überlegungen zeigen schon, daß die Alleinerzieherfamilie und die Zweitfamilie keine exotischen Sonderfälle des Familienlebens sind, sondern – schon statistisch gesehen – immer mehr zu Normalfällen werden, zu Varianten, die zwar jeweils spezifische Probleme haben können, aber auch besondere Chancen. Über diese Varianten zu sprechen heißt immer, *überhaupt* über Probleme des Aufwachsens von Kindern in Familien zu sprechen. Dabei zeigt sich, daß wir manche „Selbstverständlichkeiten", die wir bisher mit einer optimalen Familienerziehung verbunden haben, neu überdenken müssen.

Deshalb wollen wir, bevor wir fortfahren und den neuen Mann in die Alleinerzieherfamilie eintreten lassen, einige Überlegungen darüber anstellen, was Kinder wirklich brauchen, um befriedigend heranwachsen zu können.

Wenn wir ein hilfloses, gerade geborenes Kind betrachten, das offensichtlich ohne unsere – der Erwachsenen – Hilfe, Fürsorge und Betreuung gar nicht überleben könnte, dann liegt die Vorstellung nahe, daß wir alle Anstrengungen unternehmen müssen, um aus diesem Baby etwas zu „machen", weil sonst nichts aus ihm werden kann. Mit dieser Tatsache der Hilflosigkeit und Unselbständigkeit des kleinen Kindes haben wir die Notwendigkeit von Erziehung begründet, daß wir also einwirken, dem Kind unsere Vorstellungen über ein richtiges Leben nahebringen, es „nach unserem Bilde formen" müssen. Diese Vorstellung von Erziehung, nach der wir unentwegt in das Leben des Kindes eingreifen müssen, hat zumindest früher das Generationsverhältnis in der Familie zum Teil enorm belastet. Es gibt eine Fülle von Literatur darüber, wie Kinder unter ihren Eltern gelitten haben. Dieser Begriff von Erziehung kann das Kind ja nicht als Person sehen, die zunächst einmal akzeptiert wird wie sie ist; er will das Kind vielmehr immer anders haben, als es gerade ist, will, daß es sich nach den Wünschen der Eltern ändert. Wenn wir andererseits daran denken, daß eine solche Haltung, unserem erwachsenen Partner gegenüber angewendet, mit ziemlicher Wahrscheinlichkeit zum Bruch der Beziehung führen würde, dann läßt sich vielleicht ermessen, wie ein Kind empfindet, das ständig die Unzufriedenheit derer fühlt, die es doch liebt.

Diese aus dem überlieferten Erziehungsbegriff fast notwendigerweise resultierende Unzufriedenheit mit dem Kind wurde noch verstärkt durch die Zukunftsorientierung. Es war ja nicht damit getan, daß aus dem Kind irgend etwas wurde, damit es seinen Lebensunterhalt selbst verdienen konnte, vielmehr sollte möglichst viel aus ihm werden. Die Familie schämte sich, wenn das Kind keinen angesehenen Beruf erreichte. Die Verantwortung der Eltern bezog sich in erster Linie auf diese Zukunft. Die gute Klassenarbeit ist nötig, damit das Zeugnis gut ist, damit das Abitur gelingt, damit dann ein Studium begonnen werden kann, damit dann schließlich ein angesehener beruflicher Status daraus erwächst, von dem aus eine weitere Karriere entstehen kann. Im Namen dieser Zukunft des Kindes wurde seine Gegenwart wenn nicht unterdrückt, so doch gemaßregelt: Immer hatte das Kind etwas noch nicht getan oder noch nicht genügend getan.

Allmählich beginnt sich diese Perspektive zu ändern. Die Eltern merken, daß sie die Zukunft ihrer Kinder immer weniger planen und vorwegnehmen können. Auch haben sich die Werte geändert; viele junge Leute streben gar nicht mehr nach einer solchen beruflichen Karriere, sondern wollen Arbeit und Freizeit auf neue Weise miteinander ausbalancieren. Die Macht der Eltern über die Zukunft ihrer Kinder schwindet, und in diesem Maße gehen auch die erzieherischen Eingriffe zurück, die im Namen der Zukunft Unzufriedenheit mit der Gegenwart des Kindes zum Ausdruck bringen.

Vor diesem Hintergrund, den ich in dem Buch ,,Das Ende der Erziehung"* ausführlicher geschildert habe, hat eine neue Besinnung darüber eingesetzt, was Erziehung eigentlich noch heißen kann, was also Kinder wirklich brauchen. Damit verbindet sich

* Hermann Giesecke: Das Ende der Erziehung. Neue Chancen für Familie und Schule. Stuttgart 1985.

nun auch eine andere Sicht des Kindes: Galt es früher als *Objekt* erzieherischer Handlungen von Erwachsenen, so wird es nun stärker als *Subjekt* seines Lebens gesehen.

Unstreitig klar ist nur noch, daß ein Kind sehr viel lernen muß, um in die Gesellschaft hineinzuwachsen und an deren Leben produktiv und zu seiner eigenen Befriedigung teilnehmen zu können. Die Erwachsenen – zunächst ausschließlich in der Familie, später auch in der Schule – sind dazu da, solche Lernprozesse zu ermöglichen.

Im Gegensatz zur eben skizzierten Auffassung, daß aus dem Kind nichts werden könne, wenn man nichts aus ihm mache, gehen auch die Wissenschaftler heute immer mehr davon aus, daß das Kind von Anfang an einen eigenen Lebenswillen hat, daß es also seine Persönlichkeit selbst herausbildet, indem es einerseits von den Erwachsenen lernt, mit denen es lebt, andererseits sich mit den Bedingungen und Gegebenheiten, die es vorfindet, auseinandersetzt. Wenn das Kind erwachsen ist, kann niemand mehr feststellen, was an seiner Persönlichkeit, wie wir sie dann vorfinden, Ausdruck seines inneren Wesens, seines Charakters ist, der sich gegen alle äußeren Bedingungen und Gegebenheiten durchgesetzt hat, was auf unmittelbaren Einfluß der Eltern zurückzuführen ist, also auf Erziehung, und was es der Auseinandersetzung mit den Bedingungen seiner Umwelt verdankt. Die Vorstellung, wir Erzieher machten das Kind erst zum Menschen, ist also in höchstem Maße unrealistisch und überhaupt nicht überprüfbar. Realistischer ist vielmehr davon auszugehen, daß das Kind mit seinem Lebenswillen im wesentlichen sein Leben selbst macht und daß wir Erwachsene ihm dabei helfen müssen. Was also braucht ein Kind?

1. Es braucht – wie schon erwähnt – die *soziale Zuverlässigkeit einer basalen Lebensgemeinschaft*, in der Regel einer Familie. Dazu gehört eine verbindliche, vertrauensvolle menschliche Beziehung zu mindestens einem Erwachsenen – in der Regel der Mutter. Diese Beziehung schafft den nötigen Fundus an Vertrauen, sich mit seiner Lebenswelt aktiv zu befassen und sich mit ihr auseinanderzusetzen. Hier erwartet der Leser wahrscheinlich den Begriff der Liebe. Kommt nicht alles darauf an, daß das Kind geliebt

wird und sich geliebt fühlt? Ich zögere, diese Frage einfach zu bejahen.

Kein Mensch hat ein Recht auf Liebe, auch kein Kind. Insofern Liebe ein Gefühl ist, läßt sie sich weder erzwingen noch aus pädagogischen Gründen absichtlich herstellen, sie ist da oder nicht. Liebe können wir also nicht in unsere pädagogischen Planungen einbeziehen, wenn wir fragen, was ein Kind wirklich braucht und worauf es einen moralischen Anspruch hat. Waisenkinder, die etwa in einem SOS-Kinderdorf aufwachsen, können in diesem Sinne von bezahltem Personal nicht „geliebt" werden, aber sie können trotzdem befriedigend aufwachsen. Wenn wir behaupten, Liebe sei eine unerläßliche Bedingung für das befriedigende Aufwachsen von Kindern, dann machen wir alle solche Fälle – übrigens auch in zahlreichen sogenannten normalen Familien! – zu diskriminierten Außenseitern. Wenn wir also danach fragen, was Kinder wirklich brauchen, um befriedigend aufwachsen zu können, dann müssen wir Gesichtspunkte und Faktoren finden, die – guten Willen vorausgesetzt – jeder Erwachsene im Prinzip auch realisieren kann. Liebe aber ist nicht machbar, sie ist ein Geschenk.

Zudem wird mit diesem Wort in Bezug auf Kinder in der Öffentlichkeit leichtfertig Schindluder getrieben. Tauchen irgendwo pädagogische Probleme auf, dann heißt es, das komme davon, daß die Kinder nicht genug geliebt würden, daß die Erwachsenen zu egoistisch seien, und damit gilt das Problem dann als im wesentlichen erledigt. Nach den konkreten materiellen und finanziellen Bedingungen des Aufwachsens von Kindern wird gar nicht erst gefragt. Der Alltag zeigt eine ganz andere Erfahrung: Wenn die Eltern *einander* lieben und deshalb in Frieden und Optimismus miteinander leben, dann muß man über die Erziehung der Kinder nicht lange reden, dann segeln sie im emotionalen Klima der Eltern mit.

Schließlich muß man genau prüfen, was mit Liebe im Umgang mit Kindern eigentlich gemeint ist. Unseren erwachsenen Partner lieben wir in dem Sinne, daß wir ihm ein Gefühl entgegenbringen, das ausschließlich ihm gilt, keinem anderen Menschen, und wir verbinden damit die Hoffnung, daß dies immer so bleiben werde. (Bei der Hochzeit sind bekanntlich die Liebenden alle katholisch:

Sie hoffen, daß ihre Verbindung unauflöslich ist.) Diese Art der ausschließenden Liebe kann im Umgang mit Kindern nicht gemeint sein; denn erstens würde sie das Kind „verschlingen" (und seine Geschwister benachteiligen), zweitens könnte das Kind als Partner sie gar nicht beantworten, schon weil sein Lebenssinn ja unter anderem darin besteht, die Familie zu verlassen, wenn es sie nicht mehr braucht, um dann eine eigene Familie zu gründen.

Es gibt also genug Gründe, mit dem Wort Liebe vorsichtig umzugehen. Es drückt in erster Linie ein emotionales Bedürfnis der Erwachsenen aus, das durch psychologische und psychoanalytische Moden seit ca. 15 Jahren immer wieder hochgespielt und wichtig gemacht wird, als ob eine Familie aus lauter individuellen „Beziehungskisten" bestünde! Diese Fixierung auf die Emotionalität verstellt den Blick für die soziale Bedeutung des familiären Zusammenlebens. Es ist diese Sozialität Familie, die die wechselnden Gefühle der Familienmitglieder zu disziplinieren und für das gemeinsame Leben produktiv zu machen vermag. Zu dieser Sozialität gehören nicht nur die je individuellen menschlichen Beziehungen, sondern auch die Formen des Familienlebens, die Rituale, gemeinsame Mahlzeiten, die Art und Ausstattung der Wohnung, der den Kindern dort eingeräumte Handlungsspielraum, dazu gehören ferner das Umfeld, die Wohnlage, die Nachbarn, die menschlichen Kontakte zu Freunden usw. Wie wichtig dies alles für Kinder ist, was außerhalb der innerfamiliären Beziehungen verläuft, zeigt sich, wenn infolge der Trennung ein Umzug notwendig wird und das neue Umfeld erst wieder mühsam erschlossen werden muß, oder wenn ohne Zustimmung der Kinder die Wohnung umgeräumt wird. Dies alles ist mit sozialer Zuverlässigkeit bzw. mit „sozialem Heimathafen" auch gemeint, und das ist mehr als das familieninterne, emotional fundierte und oft auch verwirrende Beziehungsgeflecht. Im Zweifel ist Sozialität für Kinder wichtiger als Emotionalität. Wenn alle Mitglieder der Familie gerne wieder nach Hause kommen – vom Beruf, aus der Schule, aus dem Urlaub –, dann kann man davon ausgehen, daß die Sozialität Familie zuverlässig funktioniert.

Wäre übrigens Liebe zu den Kindern das einzige Motiv für das Zusammenleben mit ihnen, der schon in den Märchen verbreitete

Verdacht gegen die Stiefeltern wäre mehr als berechtigt. Aber das Zusammenleben mit Kindern hat auch seinen eigenen Sinn. Es kann einfach Spaß machen zu sehen, wie sie größer werden, wie sie sich ihre Welt aneignen und über sie nachdenken (Kinder sind großartige „Philosophen"!), wie sie Enttäuschungen, Niederlagen und Frustrationen wegstecken, wie sie auf ihre Weise mit Problemen fertig werden usw. Daran teilnehmen ist zweifellos eine Bereicherung des Lebens von Erwachsenen mit einer Fülle von zum Teil tiefgehenden menschlichen Erfahrungen, die so in keiner anderen Lebenssituation möglich sind. All dies gerät aus dem Blick, wenn wir uns auf die psychologisierte Beziehungsebene allein konzentrieren und den komplexen Charakter der Sozialität aus dem Blick verlieren. Dann ist z. B. wirklich nicht einzusehen, warum ein Mann, der eine Frau liebt, deswegen auch deren Kinder in Kauf nehmen soll. Die heute übliche Psychologisierung der Familie unterschlägt wichtige menschliche Dimensionen dieser einzigartigen Sozialität. Vor allem aber kann man soziale Zuverlässigkeit herstellen, Gefühle nicht.

Es ist überhaupt zweckmäßig, einmal den Blick von der einzelnen Familie und ihrer Befangenheit in sich selbst zu lösen und auf das Generationsverhältnis überhaupt zu lenken. Unser Leben – privat wie gesellschaftlich – beruht auf einer Art von Generationenvertrag. Als wir heutigen Erwachsenen klein waren und unsererseits der Hilfe bedurften, um aufwachsen zu können, da gab es für uns zuständige Erwachsene, die diese Aufgaben übernahmen. In meiner Generation sind übrigens viele wegen der damaligen Kriegsverhältnisse zeitweise bei wildfremden Menschen aufgewachsen, die aber doch auf ihre Weise und nach ihren Möglichkeiten finanziell wie materiell wie auch im Hinblick auf ihre Zuwendung das bereitstellten, was wir zum Aufwachsen brauchten. Wir haben als Kinder gleichsam einen Kredit bekommen, den wir nun – erwachsen geworden – an die nächste Generation zurückzahlen, indem wir für *deren* Aufwachsen sorgen (durch Zahlen von Steuern, durch Fürsorge für eigene Kinder, durch Aufziehen fremder Kinder, durch Aufnahme von Pflegekindern oder wie immer). Allerdings heißt das auch, daß wir diese Idee des Generationenvertrages an unsere Kinder weitergeben müssen, ihnen also klarmachen, daß auch sie „auf Kredit" leben und ihn später zurückzahlen müssen. Diese Tatsache des Generationenvertrages ist – wie sich noch zeigen wird – die Grundlage für eine Reihe wichtiger pädagogischer Entscheidungen.

2. Halten wir uns daran, daß Kinder von Anfang an Subjekte ihres Lebens sind und sein sollen, dann brauchen sie einen *autonomen Handlungsraum,* der zunächst sehr begrenzt ist, dann sich immer mehr erweitert. Die Spielecke in Muttis Nähe, dann die ganze Wohnung, dann ein Stück der Straße draußen, dann das Lebensfeld der Gleichaltrigen, bis dem Heranwachsenden schließlich seine Freizeitautonomie zugestanden wird. In diesem Spielraum darf das Kind selbständige Entscheidungen treffen, wird es nicht bevormundet, belehrt nur, wenn es fragt oder wenn Gefahren drohen.

Theoretisch wird man dieser These von der Nichteinmischung der Erwachsenen in den autonomen Handlungsraum des Kindes zustimmen, aber jeder, der mit Kindern umgeht, weiß, wie schwer eine solche Haltung im Alltag zu realisieren ist. Nehmen wir als Beispiel das leidige Thema Ordnung im Kinderzimmer.

Kinder haben je nach Alter eine unterschiedliche Auffassung von der Ordnung der Dinge, mit denen sie umgehen, und diese stimmt meistens nicht mit der Vorstellung überein, die uns die Waschmittelreklame im Typus der sauberen Hausfrau vermittelt. Ordnung ist aber kein Selbstzweck und keine Tugend an sich. Sie drückt eine sozialkulturelle Maxime für das Zusammenleben aus. Zu deren ästhetischen Aspekten der schönen Wohnung haben Kinder ohnehin lange keinen Zugang, sie haben ihre eigene Ästhetik. Nimmt man nun die relative Autonomie des kindlichen Handlungsraumes ernst, dann gibt es für Interventionen gegen die Unordnung nur drei plausible Begründungen.

a) *Hygienische Einwände.* Der Dreck hat ein Ausmaß angenommen, daß das Kind sich und die anderen Familienmitglieder gesundheitlich gefährdet. Abgesehen von kleinen Kindern zieht dieses Argument jedoch nur, wenn so etwas wie beginnende Verwahrlosung vorliegt, also in sehr seltenen Fällen.

b) *Sachen werden beschädigt oder zerstört.* Für alle Dinge, die das Kind besitzt, hat irgend jemand einmal gearbeitet, auch für die

Geschenke. Schlampiger Umgang mit Sachen, wie sie unsere Wegwerfgesellschaft so nahelegt, ist also tatsächlich ein soziales Delikt innerhalb der Familie und darf deshalb nicht geduldet werden, weil man dem Kind sonst eine wichtige Wirklichkeitserfahrung über den Zusammenhang von Besitz und Arbeit unterschlägt. Möglicherweise müssen die Sachen (z. B. Kleidung) auf Kosten der Eltern ersetzt werden. Wieso eigentlich sollen sie, die ohnehin für das Aufwachsen der Kinder arbeiten und Verzichte leisten, noch zusätzlich für deren Schlamperei arbeiten?

c) *Die Unordnung macht den anderen zusätzliche Arbeit.* Dieser Einwand kann allerdings dann nicht gelten, wenn die Mutter z. B. das Kinderzimmer immer wieder nach ihren Maßstäben aufräumt und sich dann über die Mehrarbeit beklagt; denn dann hat sie den autonomen Spielraum des Kindes ja nicht respektiert.

Das Beispiel zeigt – und es wäre durch zahlreiche weitere aus dem Alltag zu ergänzen – wie schwer es ist, nicht zu intervenieren, wenn das Kind den ihm zugestandenen Spielraum nicht nach unseren Vorstellungen nutzt.

3. Wenn vom autonomen Handlungsspielraum die Rede ist, muß auch von seinen *Grenzen* gesprochen werden. Jeder Mensch ist auf Grenzsetzungen durch andere angewiesen, sonst verliert er seine Identität oder gewinnt sie erst gar nicht, weiß nicht, wer er ist. Wenn alle Leser diesem Buch ohne jede Einschränkung zustimmten, so würde solch einhelliges Lob mir einerseits guttun, mich andererseits aber auch verwirren. Nur indem wir gezwungen werden, uns mit Grenzen auseinanderzusetzen, können wir uns „abarbeiten" und zugleich einen eigenen Standpunkt gewinnen. Zu viel Kritik kann genauso entmutigen wie zu wenig.

Diese simple, jedem aus seiner Lebenserfahrung geläufige Tatsache gilt auch für den Umgang mit Kindern. Leider wird dies oft nicht gesehen, und unsere pädagogisierte öffentliche Meinung setzt eher darauf, daß man mit ihnen reden müsse, damit sie etwas selbst einsehen und dann danach handeln. Aber Einsicht erwächst nicht aus dem Inneren der kindlichen Seele, sondern vor allem aus „sozialer Arbeit" mit anderen und gegen sie. Vom Umgang mit seinen Freunden her ist dem Kind diese Tatsache nicht unbekannt, da muß es sich behaupten, indem es ständig Grenzerfahrungen macht. Der autonome Handlungsraum, von dem eben die Rede war, muß sich erweitern, je älter das Kind wird. Aber diese Erweiterung darf nicht kampflos zugestanden werden, sondern muß verdient werden, vor allem durch Zug um Zug erhöhte Verantwortungsfähigkeit. Die Verantwortung der Erwachsenen nimmt in dem Maße ab, wie die des Kindes zunehmen kann. Dies ist schließlich der Sinn des Aufwachsens, daß nämlich das Kind lernt, Stück für Stück sein Leben selbst in die Hand zu nehmen. Deshalb muß es die Fähigkeit dazu in solchen Grenzkämpfen nachweisen. Z. B. hat es keinen Sinn, Vorschulkinder fernsehen zu lassen, was sie wollen, weil sie das, was da auf sie zukommen kann, noch gar nicht abschätzen und sortieren können. Hier ist eine strenge Auswahl durch die Erwachsenen angebracht.

Wer nur autonomen Handlungsraum läßt, ohne die Grenzen zum Thema zu machen, der fördert nicht Initiative und Selbstverantwortung des Kindes, sondern läßt es ständig ins Leere laufen. Solche Auseinandersetzungen lassen es ständig die Erfahrung machen, daß die Eltern Anteil nehmen an seinem Leben und ihm nicht gleichgültig gegenüberstehen.

Die gegenwärtig in der Öffentlichkeit herrschende pädagogische Überzeugung ist zu sehr auf Konfliktfreiheit eingestellt, ihr Leitmotiv ist die möglichst konfliktfreie Beziehung. Konflikte gelten eher als Störung der Harmonie, und es gibt viele Ratschläge, wie man sie am besten vermeidet oder zumindest schnell bereinigt. Diese Einstellung ist einigermaßen lebensfremd, und die Diffamierung des Konfliktes führt nur zu Verdrängungen und damit zu unehrlichen, jedenfalls nicht offenen Beziehungen.

Natürlich ist damit nicht jeder „Krach“ gerechtfertigt, der aus persönlicher Verärgerung oder nervlicher Überanspannung erwächst. Aber es gibt einige grundlegende, nicht personenbedingte, sondern gleichsam strukturelle Konflikte in der Familie, die von der Sachlage her unausweichlich sind und denen man sich nicht entziehen darf. Dazu gehört das Problem der sich ständig erweiternden Grenzen. Hier heißt das Prinzip: Mehr Autonomie und Freiheit nur gegen mehr Verantwortung.

Weitere Grenzerfahrungen erwachsen aus dem Familienleben selbst. Das Kind trifft mit seinen Absichten, Wünschen und Bedürfnissen auf die der anderen Familienmitglieder.

Die dadurch bedingte Interessenkollision muß ausbalanciert werden. Das Kind lernt, daß seine Bestrebungen dort an ihre Grenze kommen, wo sie die der anderen tangieren. Dabei müssen auch die Eltern deutlich machen, daß sie persönliche Interessen haben, die Geld kosten und auf die sie der Kinder wegen verzichten. Natürlich sollte das nicht in einem Klima geschehen, daß die Kinder ihren Eltern „die Füße küssen", wenn sie einen Wunsch bewilligt bekommen; nach dem Leitmotiv des Generationenvertrages haben die Kinder ja ein Recht auf die Gewährung von Wünschen. Aber sie können andererseits das moralische Prinzip des Generationenvertrages nicht begreifen, wenn die Eltern ihre Verzichte nicht konkret benennen. In vielen Familien schämen sich die Eltern offensichtlich – vor allem die Mütter –, von ihren Bedürfnissen zu sprechen, weil sie meinen, es sei ihre Pflicht, für die Kinder Verzichte zu leisten. So aber stimmt das nicht, und den Kindern entgeht dadurch eine wichtige Erfahrung.

4. Das Kind braucht *Zuwendung, Aufmerksamkeit und Teilnahme*. Dieser Hinweis ist so banal, daß er kaum noch begründet werden muß. Die Zuwendung gilt der Persönlichkeit des Kindes im ganzen, sie signalisiert Interesse an seiner Person, an seiner Individualität, so wie sie ist. Die Aufmerksamkeit gilt dem, was es tut und sagt. Sie zielt einerseits auf Verstehen dessen, was es will und warum es dies will, sie strebt andererseits aber auch den Dialog an, das Sicheinlassen auf die Sache, die das Kind zur Geltung bringen will und wofür es die Kenntnis und Meinung des Erwachsenen braucht. Teilnahme schließlich signalisiert eine grundlegende Solidarität mit dem Leben des Kindes, mit seinen Erfolgen und Mißerfolgen, mit Freude und Trauer, mit seinen Problemen, die es bewältigen muß. Teilnehmen heißt ermutigen, unterstützen und helfen. Diese Einstellungen sind unentbehrlich für das Kind, sie lassen es einerseits immer wieder die Erfahrung der sozialen Zuverlässigkeit seiner Familie machen, sind andererseits aber auch nötig für die soziale, emotionale und kognitive Entwicklung, die das Kind reifer, „erwachsener" werden lassen. Dafür ist Zeit not-

wendig, aber auch ein Ritual, d. h. eine immer wiederkehrende, dafür vorgesehene Situation. In vielen Familien werden z. B. die gemeinsamen Mahlzeiten dafür benutzt und entsprechend ausgedehnt.

5. Das Kind braucht Aufgaben, um seine Fähigkeiten entfalten zu können. Viele stellt es sich selbst, z. B. im Spiel, andere müssen ihm von den Erwachsenen gestellt werden, z. B. in der Schule, wieder andere werden ihm in der Freizeit ermöglicht, z. B. Musik oder Sport.

Das Familienleben selbst stellt eine Reihe von Aufgaben, die jedoch meistens von den Erwachsenen übernommen werden. Es gibt viele Familien, in denen darüber gestritten wird, welchen Anteil der Hausarbeit die berufstätige Mutter bzw. der Vater zu erledigen habe. Von den Kindern ist in diesem Zusammenhang fast nie die Rede. In unseren Mittelschichten scheint sich ein Familienideal durchgesetzt zu haben, das von den Eltern alles, von den Kindern – außer Schularbeiten, und die sind ebenfalls pädagogisch verfemt – nichts verlangt. Es scheint der Stolz vieler Eltern zu sein, daß sie ihre Kinder zum sozialen Nulltarif groß werden lassen. Wer sich anders verhält, gilt schon fast als Kinderfeind. Sind diese Kinder dann herangewachsen, wundern sich die Eltern darüber, daß sie lebensuntüchtig und verantwortungsunfähig geworden sind.

Dabei liegt doch auf der Hand, daß den Kindern eine wichtige Möglichkeit vorenthalten wird, in einer Ernstsituation – die Aufgaben sind ja vorhanden – Selbständigkeit und Verantwortung zu entwickeln und sich damit zugleich einen festen Standort in der Sozialität Familie zu verschaffen. Wie schon früher erwähnt wurde, wollen Kinder gebraucht werden, und man tut ihnen keinen Gefallen, wenn man dieses Bedürfnis nicht akzeptiert. Später haben sie sich dann so an ihr kleines verantwortungsloses Leben gewöhnt, daß sie dies als ihr Recht betrachten.

Etwa vom Schuleintritt an müssen die Kinder an den Aufgaben des Haushaltes regelmäßig beteiligt werden. Regelmäßigkeit ist deshalb wichtig, weil sonst der Eindruck entsteht, sie sollten nur dann herangezogen werden, wenn die Erwachsenen, die sonst die Arbeit tun, gerade keine Lust dazu haben.

Es geht aber nicht nur um den Beitrag des Kindes zum Gemeinwohl der ganzen Familie, sondern auch darum, Zug um Zug die Verantwortung für den eigenen Bereich zu übernehmen: für Wäsche und Kleidung, für die Säuberung des Zimmers usw. Wie solche Regelungen im einzelnen aussehen, muß von den je besonderen Verhältnissen abhängen, aber das Prinzip muß erfahrbar werden, wie es aus der Idee des Generationenvertrages resultiert: Die Kinder erhalten in Gestalt der Fürsorge ihrer Eltern – oder anderer zuständiger Erwachsener – einen Kredit, den sie später zurückzahlen müssen und der nur solange gilt, als sie nicht selbst verantwortlich leben können. Was also ein Kind für die Reproduktion seines Lebens schon selbst leisten kann, muß es im Prinzip auch selbst tun. Ein 14jähriger kann z. B. seine Wäsche selbst waschen und bügeln. Die Aufgaben, die sich in der Familie stellen, sind also auch für das Kind eine Herausforderung. Selbstverständlich muß der Umfang seiner Beteiligung so begrenzt werden, daß es seine Fähigkeiten in der Schule wie in der Freizeit möglichst vielseitig entfalten kann. Von Kinderarbeit im Sinne des vergangenen Jahrhunderts ist hier selbstverständlich nicht die Rede.

6. Das Kind braucht *Respekt.* Wenn wir es als ein Wesen mit eigener Persönlichkeit betrachten, das nicht erst von uns zum Menschen gemacht werden muß, sondern sich selbst mit seinem Lebenswillen entwickelt, dann folgt daraus, daß wir diesem Kind wie anderen Menschen Respekt schulden, Respekt vor seiner Persönlichkeit gerade im Hinblick auf Züge, die wir nicht verstehen, aber vor allem auch vor seinen Gefühlen. In diesem Punkte werden Kinder oft nicht ernstgenommen, weil sie, vor allem wenn sie klein sind, als etwas Halbfertiges erscheinen, als noch nicht ganz vollwertig oder ernstzunehmen. Sind sie nicht „niedlich" und „kuschelig", zu „Schmusetierchen" wie geschaffen?

Das Kind selbst erlebt sich jedoch anders; zu jedem Zeitpunkt seines Lebens fühlt es sich gleichsam erwachsen, nämlich so groß, wie es seinen jeweiligen Möglichkeiten entspricht. Genauso wenig wie von anderen Menschen darf man bestimmte Gefühle von Kindern erwarten oder gar erzwingen. Das gilt auch für die Eltern.

Zum Respekt vor der Persönlichkeit des Kindes gehört natürlich auch der Verzicht auf jede Form körperlicher oder psychischer Gewalt. Auch Strafe – außer im Sinne einer möglichen Wiedergutmachung – ist keine familiäre Kategorie, sondern eine öffentliche. Man stelle sich vor, die Eltern fingen ebenfalls an, einander zu bestrafen – der Weg zum Scheidungsrichter wäre nicht weit. Der Umgang der Familienmitglieder miteinander muß aber nach denselben moralischen Prinzipien gestaltet werden, sonst wird die Familie zu einer Zweiklassen-Sozialität.

Die Frage des Respektes stellt sich in einer Zweitfamilie deutlicher als sonst. Wie anders soll der Stiefelternteil mit der Persönlichkeit des Kindes und mit seinen Gefühlen ihm gegenüber umgehen, das schon einige Jahre seines Lebens ohne ihn hinter sich hat?

7. Das Kind braucht *„Erwachsene zum Anfassen"*. Ohne den Austausch von Gedanken, Meinungen und Gefühlen mit Erwachsenen kann es nicht erwachsen werden. Die Erwachsenen in der Familie sind dabei deshalb besonders wichtig, weil sie dem Kind am nächsten stehen und weil es ein besonderes Vertrauensverhältnis zu ihnen hat. Aber es hat nur dann etwas von ihnen, wenn sie ihm glaubwürdig, authentisch gegenübertreten, so wie sie sind, mit ihren Stärken und Schwächen, nicht mit pädagogisiertem Getue, wie es den Eltern von vielen Seiten heute nahegelegt wird, als ob Kinder exotische Wesen seien, mit denen man nicht normal umgehen und reden könne. Immer sollen die Erwachsenen irgendeinen pädagogischen Hintersinn im Kopf haben, wenn sie sich mit Kindern einlassen. Das sollten wir den pädagogischen Profis, z. B. in der Schule, überlassen, aber die Familie ist keine pädagogische Institution, in der Lernziele festgesetzt und dann verwirklicht werden, sondern eine Lebensgemeinschaft von Kindern und Erwachsenen.

Wenn wir uns noch einmal ansehen, was Kinder wirklich brauchen, um befriedigend aufwachsen zu können – die soziale Zuverlässigkeit des Familienverbandes; einen autonomen Handlungsraum; Grenzerfahrungen; Zuwendung, Aufmerksamkeit und Teilnahme; Aufgaben; Respekt; „Erwachsene zum Anfassen" – dann fällt zweierlei auf.

Was Kinder zum Aufwachsen brauchen, benötigen erstens die Erwachsenen offensichtlich auch für ein befriedigendes Leben: die Familie als „sozialen Heimathafen"; einen autonomen Handlungsspielraum, der ihnen z. B. von ihrem Partner zugestanden wird; ständige Erfahrung ihrer Grenzen durch andere; Zuwendung, Aufmerksamkeit und Anteilnahme – vor allem durch ihren Partner –; Respekt und schließlich „Erwachsene zum Anfassen", also z. B. Freunde, mit denen man offen sprechen kann. Der Unterschied ist nur, daß Kinder noch mehr lernen müssen als Erwachsene und dabei vor allem lernen müssen, Zug um Zug die Verantwortung für ihr Leben zu übernehmen. Man sieht aber, das Leben mit Kindern hat nichts Exotisches an sich, als ob man dafür erst so etwas wie eine pädagogische Fremdsprache lernen müßte. Es ist daher nicht die schlechteste pädagogische Faustregel, Kinder so zu behandeln, wie man als Erwachsener in einer vergleichbaren Situation selbst gerne behandelt würde.

Was Kinder brauchen, kann zweitens im Prinzip jeder Erwachsene jedem Kind gewähren, wenn er mit ihm eine familiäre Lebensgemeinschaft einzugehen bereit ist. Er muß es dafür nicht „lieben", es genügt, wenn er es gern hat und mag und ihm im übrigen Respekt entgegenbringt. Das gilt insbesondere dann, wenn der andere Elternteil Mutter oder Vater dieses Kindes ist.

Dann nämlich – und von diesem Fall gehen wir ja aus – hat auch Zärtlichkeit einen Platz im Leben der Kinder. Sie markiert nämlich die Grenze dessen, was pädagogisch machbar ist. Ebenso wenig wie das Gefühl der Liebe läßt sich die emotionale Disposition für Zärtlichkeit planmäßig herstellen, – also für das spontane Streicheln, Umarmen und Küssen, das Kinder vom Säuglingsalter an kennen. Der Austausch von Zärtlichkeiten zwischen Eltern und Kindern ist, wie jeder weiß, in mancherlei Hinsicht für die Kinder von großer Bedeutung: nur so können sie selbst Zärtlichkeit lernen, zugleich drückt sich darin Nähe und Geborgenheit aus, die ich soziale Zuverlässigkeit der Familie nenne.

Ein sozialer Vater, der erst später in das Leben der Kinder eintritt, kann diese für körperliche Zärtlichkeit nötige Nähe nicht von vornherein erwarten. Sind die Kinder noch sehr klein, sind sie in diesem Punkte auch meist unbefangen. Sind sie größer – etwa vom Schuleintritt an – wird die Sache vor allem im Hinblick auf den abwesenden Vater und auf dessen Gefühlskompetenz unter Umständen schwieriger. Aber dieses auf den ersten Blick komplexe Problem läßt sich im Alltag durch eine simple Faustregel lösen:

Den Kindern die Initiative überlassen, sie werden schon zeigen, ob und wieviel Zärtlichkeit sie haben wollen. Außerdem gibt es eine körperlich zurückhaltende Form von Zärtlichkeit, die sich nicht in stürmischen Umarmungen ausdrückt, sondern sich mit Andeutungen wie freundlichem Schulterklopfen begnügt. Was hier das richtige Maß ist, kann nur im Einzelfalle herausgefunden werden. Hier kommt es mir auf den Hinweis an, daß Zärtlichkeit nicht zu den Bedürfnissen des Kindes gehört, die jeder Erwachsene jedem Kind gegenüber pädagogisch planen kann.

3. Mutter hat einen Freund

Kehren wir zum Modell unserer mütterlichen Alleinerzieherfamilie zurück! Zur Aufgabe der sozialen Konsolidierung nach der Trennung gehört auch, den Kontakt zum Verwandten- und Freundeskreis nicht abreißen zu lassen, vor allem nicht zu den Menschen, die die Kinder gut kennen. Dies entspricht deren Wunsch nach der Wiederherstellung eines ,,stinknormalen" Alltags.

Zu diesem Freundeskreis gehört irgendwann – so unterstellen wir hier einmal – auch ein ,,Freund", der der Mutter mehr bedeutet als die anderen. Darf sie das den Kindern zumuten?

Mutter kann Freunde haben, so viel sie will, und sie müssen auch den Kindern nicht unbedingt gefallen – Freunde sind niemals dazu da, jedermann zu gefallen –, solange sie den Status von Gästen haben. Die Kinder dürfen ja auch ihre Freunde mitbringen. Eine Bedrohung entsteht erst dann, wenn der ,,Freund" in die Wohnung einzieht, oder wenn umgekehrt wegen des neuen Partners ein Umzug bevorsteht. Dieser Schritt muß also sorgfältig überlegt werden, denn davon sind die Kinder unmittelbar in ihrem Alltagsleben betroffen. Er darf eigentlich nur dann erfolgen, wenn die beiden Erwachsenen sich ihrer Sache, also ihrer Beziehung sicher sind, wenn sie nach ihrer Einschätzung langfristig eine Chance hat. Faustregel: Den Partner erst dann in eine mit den Kindern gemeinsame Wohnung aufnehmen, wenn man ihn auch heiraten könnte. Leichtsinnige Erwartungen in dieser Richtung – wie sie vor allem in der Zeit der Trauerarbeit oft unbewußt entstehen – können das Vertrauen der Kinder in die soziale Stabilität der Familie erschüttern, wenn sie vielleicht noch einmal und möglicherweise sogar öfter die Erfahrung des Scheiterns erleben. In der Regel spricht wenig dafür, das Zusammenziehen mit Eile zu betreiben. Nicht selten bestehen glückliche Partnerschaften über viele Jahre, obwohl mit Rücksicht auf die Kinder – vor allem, wenn *beide* mit eigenen Kindern leben – jeder seine eigene Wohnung behalten hat.

Hier taucht in vielen Fällen ein Grundsatzproblem auf: Darf die

Mutter ihren Kindern überhaupt einen „Freund" zumuten? Obwohl sich die öffentliche Meinung in Sachen Sexualität sehr liberalisiert hat, erwartet sie von den Müttern immer noch eine besondere „Tugendhaftigkeit". Wie Erwachsene zu dieser moralischen Seite des Problems stehen, können sie jeweils nur selbst entscheiden. Uns interessieren in diesem Zusammenhang vor allem die Kinder.

Kinder, die noch an ihrem Vater hängen, hoffen – je nach Alter – oft noch jahrelang darauf, daß ihre Eltern sich wieder vertragen. Auch wenn der neue Partner der Mutter längst akzeptiert ist, können noch Zwölfjährige den Wunsch äußern, daß vielleicht irgendwann alle wieder in einer großen Familie friedlich miteinander leben. Auch wenn die Erwachsenen wissen, daß diese Hoffnung illusiorisch ist (die Hoffnung des „doppelten Lottchen" in Erich Kästners schöner Kindergeschichte), so haben die Kinder doch ein Recht darauf, daß ihrer Erwartung mit Respekt und Verständnis begegnet wird. Das kann z. B. bedeuten, daß in ihrer Gegenwart bzw. in ihrer Augen- und Ohrenweite die Beziehungen der beiden Erwachsenen wirklich nur freundschaftlich und somit taktvoll gegenüber den Kindern sind.

Andererseits kann es aber keinen Zweifel daran geben, daß die Mutter selbstverständlich ein Recht auf eine Partnerbeziehung hat und daß die Kinder nicht das Recht haben, diese zu verhindern oder zu zensieren („Der gefällt uns aber nicht!"), solange dieser Partner nicht Mitglied der Familie wird, also die Wohnung nicht teilt. Auch nach der Scheidung ist die Mutter nicht nur für die Kinder da – ein Fehler, der schon manche Erstfamilie belastet –, sondern hat ein Recht auf ihr persönliches, auch von den Kindern unabhängiges Leben. Dies um so mehr, als – was zumindest jüngere Kinder nicht wissen können – deren Wohlergehen auf die Dauer ganz wesentlich davon abhängt, wie wohl sich ihre Mutter fühlt, und dazu können sie eben nur zum Teil beitragen.

Gleichwohl können Kinder sich einer neuen Partnerschaft zum Teil sehr heftig widersetzen. So berichtet die Mutter eines 19jährigen Sohnes und einer 16jährigen Tochter: „Also diese Vorwürfe der Kinder, diese Verurteilung, als hätten sie jeden Respekt vor mir verloren, das war schrecklich für mich. Und schrecklich ist es geblieben, bis auf den heutigen Tag. Nein, eigentlich ist es immer schlimmer geworden. Sie haben sich nicht daran gewöhnt, beide nicht. Sie neiden dem Mann das Fleisch auf dem Teller, wenn er mal bei uns ißt. Das geht so weit, daß Frank einmal bei mir war und wir friedlich zusammensaßen, ganz anständig, wie Freunde, da kam mein Sohn dazu, pflanzte sich vor ihm auf und sagte ihm mitten ins Gesicht: ,Wenn ich Sie da so sitzen sehe, dann kriege ich das kalte Kotzen'. So in dem Stil. Das muß man sich mal vorstellen, das muß sich dieser erwachsene Mann von einem 19jährigen sagen lassen. Und Nadja benimmt sich nicht besser, aufsässig und völlig verständnislos. Ich sollte mich was schämen, mit einem anderen Mann ins Bett zu gehen, wo ihr Vater erst vor zwei Jahren gestorben ist. Ich hätte kein Recht dazu. Manchmal habe ich fast den Eindruck, sie verachten mich deshalb. Offenbar sind Kinder, auch wenn sie keine Kinder mehr sind, von der Vorstellung beherrscht: eine Mutter habe immer nur für sie da zu sein. Eine Mutter habe gefälligst sonst keine Bedürfnisse zu haben. (. . .) sie verzichten auf nichts, und ich soll auf alles verzichten. (. . .) das ist Eifersucht, nichts als blanke Eifersucht. Sie haben immer Angst, er nimmt ihnen etwas weg."*

Nun ist das sicher ein Extremfall, weil gerade Heranwachsende, die selbst Freunde und Freundinnen haben, die Partnerbedürfnisse der Mutter oft viel besser verstehen als jüngere Kinder. Aber an diesem Beispiel lassen sich einige grundsätzliche Überlegungen anstellen. Diese „Kinder" sind alt genug, um zu begreifen, was sie tun. Ihr Verhalten, wie es geschildert wird, ist schlicht unverschämt und müßte auch so behandelt werden, zur Not auch einmal mit einer Ohrfeige. Es hat keinen Sinn, da nach psychologisierenden Entschuldigungen zu suchen. Allenfalls ließe sich sagen, daß der Tod des Vaters noch nicht verarbeitet wurde, aber nach Trauer sieht dieses Verhalten nicht aus. Hier müßte die Mutter entschieden Grenzen setzen, zumal der Mann, von dem hier die Rede ist, lediglich einen Gaststatus in der Familie hat. Diese Mutter wäre auch gut beraten, wenn sie sich eine solche Behandlung ihres Gastes energisch verbitten würde; ob sie mit ihm auch schläft

---

* Helga Häsing. Mutter hat einen Freund. Frankfurt 1983. S. 13 f.

oder nicht, geht Kinder in diesem Alter nichts mehr an. Wenn ihnen das nicht paßt, können sie ja ausziehen. Sie haben keinen Anspruch darauf, daß ihr offensichtlicher Egoismus auch noch hofiert wird.

Das soll nicht heißen, daß man Aversionen von Kindern überhaupt nicht ernstnehmen soll. Ernstnehmen im Sinne von Respektieren muß man immer die Ängste von Kindern, ob sie nun berechtigt sind oder nicht. Niemand kann sich seine Ängste aussuchen. Ein Kind kann z. B. Angst haben, daß durch den Partner der Mutter die „soziale Heimat" der Familie bedroht wird, daß es gezwungen werden soll, eine bestimmte Art von Beziehung zu ihm einzugehen, oder daß ihm etwas verloren geht, auf das es wirklich einen Anspruch hat (z. B. Zeit der Mutter; Aufmerksamkeit für seine Probleme). Noch lange nach der Trennung befürchten Kinder zudem, daß sie auch noch den anderen Elternteil verlieren könnten, daß also der fremde Mann ihre Mutter einfach mitnehmen und sie, die Kinder, zurücklassen könnte. Diese Ängste zu respektieren heißt, über sie zu sprechen, sie möglichst auszuräumen. Aber Kinder *müssen* angesichts eines neuen Partners der Mutter solche Ängste nicht haben, deshalb wäre es falsch, sie erst darauf zu bringen, indem man selbst darüber spricht oder sich als eine Art antizipierender Therapeut betätigt, der Probleme lösen möchte, die es (noch) gar nicht gibt.

Anders sieht die Sache aus, wenn hinter dem Widerstand des Kindes in erster Linie jene ausbeuterische Eifersucht steckt, die die Mutter gar nicht mehr als autonome Person wahrnimmt, sondern als rechtlosen Sklaven für die eigene Bedürfnisbefriedigung betrachtet. Jedes Kind wird so, wenn man es so werden läßt – jeder Erwachsene übrigens auch, und es gibt nicht wenige Ehen, die in erster Linie einseitige Ausbeutungsbeziehungen sind. Wir alle brauchen Grenzsetzungen, vor allem von denen, die uns nahestehen, unsere Sozialfähigkeit erwächst nicht wie eine Frucht aus dem Inneren unserer Seele, sondern sie entsteht und wird erhalten durch unsere alltäglichen sozialen Erfahrungen. Verlangt man von einem Kind nicht immer wieder den Respekt vor den Bedürfnissen anderer Menschen – gerade auch in der Familie – so wird es ihn auch nicht lernen.

Faustregel also für die Frage, inwieweit die Kinder ein Recht haben, die Mutter wegen ihres ,,Freundes" zu kritisieren: Ängste ernstzunehmen und zu beseitigen versuchen, Egoismus – je nach Alter des Kindes mehr oder weniger geduldig – zurückweisen.

Wenn Kinder den ,,Freund" der Mutter, obwohl er freundlich zu ihnen ist, vehement ablehnen, dann liegt das Problem in den meisten Fällen bei ihnen und nicht bei dem Freund. Die Mutter muß sich dann fragen, ob ihr Verhältnis zu den Kindern nicht zu symbiotisch geworden ist. Normalerweise reagieren Kinder nämlich schon aus Neugier offen auf einen solchen ,,Freund", sind zugewandt und wißbegierig.

Manche Frauen versuchen, die Beziehung zu ihrem Partner strikt von ihrem Familienleben zu trennen. Sie treffen sich mit ihm möglichst außerhalb der eigenen Wohnung, um die Kinder da herauszuhalten. Das hat den Vorteil, daß sie sich nicht vielleicht an ihn gewöhnen und dann enttäuscht sind, wenn die Beziehung ein Ende hat. Die Frage ist nur, wie befriedigend eine solche Beziehung auf Dauer sein kann, wenn ein so wesentlicher Teil wie das eigene Familienleben ausgeblendet bleiben muß. Vermutlich ist eine solche Trennung der beiden Lebenssphären nicht mehr durchzuhalten, wenn die Beziehung eine gewisse Verbindlichkeit erreicht hat. Spätestens dann sollte man sie den Kindern gegenüber auch nicht mehr verheimlichen, weil sonst die soziale Zuverlässigkeit der Familie Schaden leidet. Zu ihr gehört nämlich auch der Grundsatz, daß jeder weiß, wie es den anderen geht, wo sie sind und wann sie wieder nach Hause kommen.

Grundsätzlich aber gilt: Nichts ist normaler, als daß Mutter einen ,,Freund" hat, mit eben dieser Selbstverständlichkeit sollte die Tatsache den Kindern präsentiert werden. Es ist selbstverständlich, daß ,,Freunde" auch gelegentlich in der Wohnung übernachten, daß man in der Freizeit gelegentlich etwas mit ihnen unternimmt usw. Ebenso selbstverständlich ist auch, daß es den Kindern überlassen bleiben muß, in welcher Weise sie ihrerseits eine Beziehung zu diesem ,,Freund" wünschen und gestalten. Er selbst tut gut daran, mindestens zunächst zwar offen und zugewandt, aber auch emotional zurückhaltend zu bleiben. Nicht wenige Männer machen in einer solchen Situation den Fehler, diese nötige

Zurückhaltung aufzugeben, um ihrer Partnerin zu demonstrieren, was für tolle Väter sie sein könnten, wenn ... Solange der Partner aber nicht in der Wohnung lebt, hat er auch den Kindern gegenüber nur den Status des Gastes.

Bleibt es bei einem „Freund", der nicht mit der Familie zusammenlebt, so kann er doch, wenn die Kinder ihn wirklich akzeptiert haben, viel für sie tun. Sieht man sich daraufhin den Katalog dessen an, was Kinder wirklich brauchen, so stellt sich heraus, daß im Prinzip sehr vieles davon über diesen Freund, der er nun vielleicht auch für die Kinder geworden ist, vermittelt werden kann. Daß er keinerlei Erziehungsrechte hat und auch keine Rechte geltend machen kann, die aus gemeinsamem Zusammenleben erwachsen, kann auch eine Chance gerade für das Verhältnis zu den Kindern sein: Der Partner kann unbefangen bleiben, ein wirklich freundschaftliches Verhältnis aufbauen, ohne stiefväterliche Pflichten übernehmen zu müssen. Manche Paare sind sicher gut beraten, wenn sie es bei dieser Konstellation belassen, in der Überzeugung, daß dies für sie die richtige Mischung aus Nähe und Distanz ist. Eine Zweitfamilie ist dies allerdings nicht, es bleibt eine Alleinerzieherfamilie.

4. Mutters Freund wird Stiefvater

Eine Zweitfamilie entsteht erst dann, wenn Mutters ,,Freund" den Status des Gastes der Familie verläßt, um zu ihrem Mitglied zu werden, wenn er also mit der Mutter und den Kindern eine gemeinsame Wohnung bezieht – mit oder ohne Trauschein. Vorausgegangen ist dem sicherlich eine längere Bekanntschaft, der Mann hat die Kinder kennengelernt und mit ihnen eine beiderseits zufriedenstellende Beziehung aufbauen können, kurz: alle sind – so unterstellen wir – mit einem solchen Schritt einverstanden, auch die Kinder.

Dieser Schritt vom ,,Freund" zum Mitglied der Familie wird oft zu schnell vollzogen, denn er hat erhebliche Folgen für alle Beteiligten, und schon manche jahrelang befriedigende Beziehung ist daran gescheitert. Diese Folgen sind unabhängig davon, ob nun geheiratet wird oder nicht. Der entscheidende Punkt ist vielmehr der Entschluß, rund um die Uhr in einer gemeinsamen Wohnung zu leben.

Wie bei jeder anderen Familie müssen sich die erwachsenen Partner nun als gleichberechtigt in ihren Rechten und Pflichten verstehen. Das bedeutet für beide, einen Teil ihrer bisherigen Autonomie aufzugeben und die sozialen Verbindlichkeiten anzuerkennen, die aus dem gemeinsamen Zusammenleben erwachsen. Wird eine der beiden Wohnungen nun zur gemeinsamen, kann das für den bisherigen Alleinbewohner tägliche Einschränkungen bedeuten, die oft erst nach und nach bewußt werden: Fragen des Tagesablaufs, der Ästhetik der Wohnungseinrichtung, der Ordnung, der Arbeitsteilung usw. müssen nun gemeinsam gelöst werden. Bei einer Erstehe gibt es – je nach Alter der Heiratenden – diese Probleme zwar auch, aber in diesem Fall wird in der Regel eine neue, nämlich erste gemeinsame Wohnung bezogen, und jeder hat die Chance, in diesem Sinne mit dem anderen neu anzufangen, dabei zu experimentieren und Erfahrungen zu machen.

Bei einer Zweitfamilie gibt es bereits einen familiären Kern, nämlich – in unserem Beispiel – Mutter und Kind. Die Chancen desjenigen, der hinzukommt, sind also zunächst einmal geringer, es gibt eben keinen totalen Neuanfang.

Auch das Verhältnis zu den Kindern ändert sich nun erheblich. Zwar ist der Stiefvater nicht erziehungsberechtigt, dies bleibt nach wie vor der Mutter vorbehalten, aber aus der Tatsache des Zusammenlebens mit den Kindern ergibt sich die Notwendigkeit, daß er einmal seine Interessen und Bedürfnisse im Alltag zur Geltung bringen muß, andererseits aber auch seine eigene Beziehung zu den Kindern aufbauen muß, eine Beziehung, die nicht „über den Schreibtisch der Mutter laufen“ darf.

Das ist ein sehr heikler Punkt. Die Mutter muß nämlich nicht nur dulden, sondern auch wünschen, daß solche Beziehungen zustande kommen, weil die neue Zweitfamilie sonst zu einer Zweiklassen-Familie würde: Der eine darf den Kindern etwas sagen, der andere nicht; oder der eine läßt den Kindern etwas ausrichten, weil er selbst die Auseinandersetzung nicht führen will oder darf („Sag Deinen Kindern bitte, sie sollen mich bei der Arbeit nicht stören!“). Kommt es nicht dazu, daß die Mutter zwar formell die Erziehungsberechtigung über die Kinder behält, der Partner aber gleichberechtigt an den entsprechenden Überlegungen und auch Entscheidungen beteiligt wird, dann ist das Scheitern vorprogrammiert. In unserem Beispiel ist es die Mutter, die hier etwas hergeben, etwas aufgeben muß. Sagt ein Stiefkind wiederholt zum Stiefvater: „Du bist nicht mein Erzieher, Du hast mir nichts zu sagen!“, dann muß die Mutter dem Kind gegenüber klarstellen, daß dies eine falsche Sicht der Dinge ist. Weil sie den Zugang des Stiefvaters zu den Stiefkindern freigeben muß, ist es auch meistens falsch, in der Zeit der Trauerarbeit mit einem neuen Partner zusammenzuziehen. Andererseits ist dies auch ein Maßstab für die wiederhergestellte menschliche und pädagogische Reife der Mutter: Wenn sie, obwohl sie ihren Partner liebt, diese Freigabe nicht gewähren kann, dann ist ihr Verhältnis zu den Kindern zu bindend, zu symbiotisch geworden. Die Erfahrung lehrt leider, daß das in vielen Fällen so ist, daß in Wahrheit zwischen ihr und den Kindern gar kein Platz für einen neuen Partner ist, daß sie ihn vielleicht für alles mögliche haben will, aber eben nicht dafür, mit ihr gemeinsam eine Familie zu schaffen, in der ihre Kinder nicht ausschließlich auf sie fixiert sind.

Ein anderes, weit verbreitetes Beispiel ist, daß Kinder bei der Mutter im Bett schlafen. In der Zeit der Trennungstrauer ist es oft so, daß sie nachts aus Furcht vor weiterem Trennungsverlust die Nähe der Mutter suchen. Das ist normal, wie ja auch sonst Kinder, die krank und deshalb ängstlich sind, die Nähe der Mutter bzw. der Eltern suchen. Aber das sind berechtigte Ausnahmen. Werden sie zur Regel, signalisieren sie eine zu große Abhängigkeit. Nicht „weil da ein Mann hingehört" – das ist ja für den Einzelfall längst nicht im voraus entschieden –, sondern weil die Mutter-Kind-Bindung allzusehr fixiert wird, wäre dieser Fall ein Irrweg. Das Recht auf Intimität, und zwar auf individuelle, hat in unserer Kultur einen hohen Stellenwert, weil dies zur Ausbildung und Aufrechterhaltung unserer individuellen Autonomie nötig ist. Kinder müssen unter anderem lernen, dieses Recht für sich in Anspruch zu nehmen, es zu kultivieren und jedem anderen auch zuzugestehen.

Die Mutter muß also ihre Kinder bis zu einem gewissen Grade freigeben für den Stiefvater, sonst kann aus der neuen Familie nichts werden. Wenn sie das auf Dauer nicht kann – man braucht meistens eine gewisse Zeit um es aus den Alltagserfahrungen zu lernen –, dann ist sie zu keiner Partnerschaft – ganz gleich, mit welchem Mann – fähig und sollte es lassen.

Viele Mütter sehen diesen Zusammenhang nicht und wundern sich, daß die Männer immer wieder wegbleiben. Aus dieser Erfahrung ist inzwischen in der meist von Frauen dazu geschriebenen Literatur das Klischee entstanden, Männer würden sich überhaupt leicht zurückziehen, weil sie zwar etwas von der Mutter wollten, aber keine Mitverantwortung für die Kinder zu übernehmen bereit seien. Wenn das im Einzelfall wirklich so ist, soll die Mutter froh sein, wenn der Mann auf diese Weise wegbleibt, denn auch ohne Kinder hätte sie voraussichtlich nicht viel von ihm zu erwarten gehabt. Ein Mann, der eine Frau wirklich liebt, bleibt aber nicht einfach deshalb weg, weil sie für Kinder zu sorgen hat. In jedem Einzelfall muß deshalb auch die umgekehrte Frage gestellt werden: Ist er vielleicht trotz seiner Liebe weggeblieben, weil sein Gefühl in Wahrheit nicht erwidert wurde, weil er einsehen mußte, daß in der zu engen Verbindung von Mutter und Kind weder emotional noch sozial Platz für ihn war?

Andererseits zögern Stiefväter oft, in diese Beziehung von Mutter und Kindern einzudringen, sich also ihren eigenen Platz in der Familie zu verschaffen. Sie meinen nicht selten, für den Umgang mit den Kindern bleibe die Mutter zuständig, und sie erwarten von ihr, daß sie z. B. ihrerseits die Kinder zurechtweist, wenn sie etwa frech sind. Diese Erwartung steht einem Gast der Familie wohl an, nicht aber dem Familienmitglied, und deshalb muß man sich schon sehr genau überlegen, ob man diesen Status ändern will.

Man kann sich ja mühelos ausmalen, welche Folgen es hat, wenn es da zwei Klassen von Beziehungen gibt: einerseits auf der Ebene Mutter-Kind, wo der Stiefvater nur passiv beteiligt ist, andererseits auf der Ebene Mutter-Stiefvater, wo wiederum die Kinder nicht beteiligt sind. Beide Ebenen würden sich in der Mutter kreuzen und überschneiden; sie wäre die einzige, die es allen recht machen müßte, während die anderen sich irgendwie von ihr sozial und emotional versorgen ließen. Nein, die Mutter muß deshalb das allergrößte Interesse daran haben, daß ihr ein Teil der Arbeit und Last – gerade auch im Hinblick auf die Kinder – abgenommen wird. Das aber geht nur, wenn der Stiefvater seine eigene, unverwechselbare Beziehung zu ihnen aufbauen kann.

Es gibt auch das Gegenbild, den übereifrigen Stiefvater, wie er nicht selten in Elternversammlungen von Schulen zu finden ist. Kein Vater, so scheint es, kümmert sich so intensiv um die Rechte seiner Kinder in der Schule. Zu Hause versucht er väterlicher zu sein als der Vater, der noch lebt und zu den Kindern vielleicht ein gutes Verhältnis hat. Unter Familie versteht er eine abgekapselte Sozialität, die man eifrig „machen" müsse. Möglicherweise drängt er die Mutter, die Besuche der Kinder bei ihrem Vater einzuschränken oder gar zu verhindern, weil der andere, der richtige Vater dieses neue Familienidyll um so mehr stört, je besser die Beziehungen der Kinder zu ihm sind.

Dieser übereifrige Stiefvater versucht, zwischen die Kinder und ihren Vater zu treten, erwartet alle jene Emotionalität und Zugewandtheit, die Kinder ihrem Vater angeblich schulden. Dabei übersieht er allerdings eine wichtige, unabänderliche Tatsache: Er hat mit den Kindern nicht von deren Geburt an zusammengelebt, sondern ist erst später in deren Leben eingetreten. Was vorher war, hat er nicht mit ihnen geteilt. Ebenso wenig wissen die Kinder aus der Zeit davor von ihm, seinen eigenen Kindern, seiner Scheidung usw. Der Stiefvater kann die Kinder nur nehmen, wie sie sind, wie er sie vorfindet, und erst von diesem Zeitpunkt an kann er sein Leben mit ihnen teilen.

Wir sehen also: Der Schritt vom „Freund“ zum Stiefvater ist folgenreich für alle Beteiligten und sollte sorgfältig überlegt sein.

Bei der Lösung der eben angedeuteten Probleme spielt natürlich eine entscheidende Rolle, wieweit der soziale Vater seine Trauerarbeit geleistet hat. Denn auch für ihn gilt, was vorher über die alleinerziehende Mutter gesagt wurde: Wenn er seine Scheidung bzw. Trennung nicht so verarbeitet hat, daß er seine eigenen Fehler zu sehen vermag, dann steht eine neue Beziehung auf brüchigem Eis. Im Hinblick auf die neue Partnerschaft und vor allem im Hinblick auf die Kinder muß er sich über seine Motive klar sein. Sieht er darin für sich wirklich eine neue Chance, mit dieser Partnerin und mit diesem Kind eine gemeinsame familiäre Zukunft anzustreben, oder drängt ihn eher gekränkte Eitelkeit, z. B. seiner „Ex“, die ihm die Kinder weggenommen hat, zu zeigen, was für ein toller Vater er in Wahrheit ist, daß sie noch bereuen werde, ihn verlassen zu haben, usw.

Beide neuen Partner müssen sicher sein, daß sie sich von ihrem alten Partner innerlich gelöst haben, auch nicht mehr den geheimen Wunsch haben, mit ihm wieder zusammenzukommen; sonst ist der neue Partner nur Ersatz für den anderen, der nicht mehr zu erreichen ist. Die menschliche Intimität ist aber zu sensibel, als daß dies nicht bemerkt würde. Solange die Partner nicht zusammen wohnen, ist die Distanz groß genug, daß solche emotionalen Unklarheiten unbemerkt bleiben können. Im Unterschied dazu bedarf die neue Familie einer optimistischen Perspektive: Man muß sich vorstellen können, daß das Leben nun schöner und besser wird – was immer man darunter verstehen mag.

Solange gegenüber dem alten Partner noch Zorn und Verbitterung vorherrschen, solange es noch nicht möglich ist, mit ihm sachlich über die Kinder zu sprechen, ist die Ablösung von ihm nicht gelungen.

Welche Rolle sollen nun die Kinder bei der Entscheidung spielen, eine Zweitfamilie zu gründen? Einerseits wissen wir, daß die soziale Zuverlässigkeit der Familie für sie von großer Bedeutung ist. Andererseits gilt aber auch, daß es den Kindern um so besser geht, je wohler sich die Mutter fühlt. Wenn sie einen Mann liebt und sich ebenfalls geliebt fühlt und deshalb mit ihm zusammenleben möchte, dann müssen die Kinder das akzeptieren. Im Normalfall tun sie das auch problemlos, wenn sie den ,,Freund" der Familie gut genug kennengelernt haben und ihn auch mögen. In einer so wichtigen Frage ein Opfer zu bringen und zu verzichten, entspricht zwar den Drehbüchern einschlägiger Kitschfilme, würde aber auf die Beziehung zu den Kindern negativ zurückwirken, meist in der Form, daß an sie nun besonders hohe Erwartungen als Preis für den Verzicht gerichtet werden.

Wenn also die beiden Erwachsenen sich ihrer Sache sicher sind, sollten sie ihre Entscheidung treffen und sie den Kindern so mitteilen, daß sie daran das Positive zu erkennen vermögen: eine neue Perspektive für alle Beteiligten. Wenn Kinder – gleich welchen Alters – nicht bereits emotional verbogen sind, merken sie selbst, daß das Glück ihrer Mutter auch ihnen zugute kommt. Die oft geargwöhnte Sorge, daß die Kinder einer solchen Liebesbeziehung im Wege stehen könnten, mag für kurzlebige ,,Bettgeschichten" zutreffen; aber wenn wirklich zwischen den Erwachsenen der Wunsch besteht, miteinander zu leben, dann erstreckt sich dieses Gefühl auch insofern auf die Kinder, als diese ja ein wichtiges Stück Leben des anderen sind, und schon von daher zumindest mit Aufmerksamkeit und Zugewandtheit betrachtet werden. Im übrigen gilt auch in dieser Frage: Die Sache nicht unnötig mit den Kindern problematisieren, als ob man ihrer Zustimmung und Verantwortung diese Entscheidung überlassen wolle oder als ob man irgendwelche unbewußten Widerstände und Konflikte bei ihnen vermute.

In den Augen normal entwickelter Kinder ist es ,,stinknormal", daß zu einer Familie Mann und Frau gehören, und man kann immer wieder beobachten, wie Kinder, vor allem zwischen sechs und zehn Jahren, nach einer Trennung geradezu rührend bemüht sind, ihre Mutter mit allen Männern, die ihnen gefallen, regelrecht zu ,,verkuppeln". Vermutlich erwächst dieser Wunsch aus der schon mehrmals erwähnten Hoffnung auf Normalität. Es soll auch in diesem Punkte möglichst nicht anders sein als bei anderen Leuten auch; andere Familien haben einen Vater, also soll die eigene auch einen haben.

Die Kinder sind also normalerweise überhaupt nicht das Problem; sie werden oft nur vorgeschoben, weil in Wahrheit die Erwachsenen sich ihrer Beziehungsfähigkeit unsicher geworden sind, und da kommen ihnen die Kinder als Ausrede gerade recht. Wenn die Erwachsenen einander lieben und deshalb miteinander leben wollen, dann heißt das ja auch, daß man den anderen so annimmt, wie er ist. Und in diesem Fall gehört zu seinem So-Sein eben auch die Verantwortung für Kinder. Wer das nicht akzeptiert und diese Verantwortung nicht mitzutragen bereit ist, der will den anderen anders haben, als er ist, und das ist bekanntlich etwas anderes als Liebe.

Gleichwohl bleibt in der Regel bei dem, der Kinder in eine neue Lebensgemeinschaft einbringt, ein Mißtrauen zurück, das wohl erst über längere Zeit hinweg durch gemeinsame positive Erfahrungen abgebaut werden kann. Zumindest bei jeder Auseinandersetzung mit den Kindern – und solche Auseinandersetzungen sind prinzipiell unvermeidlich – kann die Frage auftauchen: „Würde er das mit seinen Kindern auch so machen? Sind meine ihm vielleicht doch im Wege?" Und es wird immer die Gefahr bestehen, daß die Mutter, um ihre Beziehung zu dem Partner zu retten, die Probleme der Kinder mit dem Partner zu ihren eigenen macht, sie zu entschärfen trachtet, vielleicht sogar anfängt, Probleme der Kinder vor ihm zu verheimlichen und auf diese Weise Zug um Zug, unmerklich und ganz ungewollt zu einer Allianz *mit* den Kindern findet, die sich auf Dauer *gegen* den Partner als Stiefvater richten muß.

Es gibt eine Faustregel für den Fall, daß Geschwister sich streiten und dabei die Eltern auf ihre Seite ziehen wollen: die Nichteinmischung. Diese Regel ist auch hier nützlich: Kein Parteiergreifen für die Kinder, wenn sie mit dem Partner Probleme oder Auseinandersetzungen haben: „Macht das mit ihm aus!" Das schließt natürlich nicht aus, daß die Erwachsenen sich – in Abwesenheit der Kinder – über derartige Probleme miteinander verständigen, aber es darf nicht zu dauerhaften Koalitionen innerhalb der Familie kommen. Das gilt für jede Familie. Erst wenn das allen Beteiligten klar ist, kann es mit der gebührenden Unbefangenheit situationsbedingte Koalitionen geben, wie sie überall dort üblich und notwendig sind, wo Menschen ihre Meinungen austauschen und ihre Interessen und Bedürfnisse miteinander abklären wollen.

Zweitfamilien neigen leicht dazu, Konflikten auszuweichen, sie zu verdrängen. Hat man nicht die bittere Erfahrung gemacht, daß sie zum Scheitern der früheren Ehe und Familie geführt haben? Im allgemeinen gehen Erstfamilien unkomplizierter mit ihren internen Konflikten um, sie sind in diesem Punkte sozusagen noch unverbraucht. Aus therapeutischen Erfahrungen weiß man, daß diese Konfliktscheu ein wunder Punkt bei vielen Zweitfamilien ist, sie kann auf die Dauer zu schweren, äußerlich oft nicht erkennbaren Zerwürfnissen führen. Dabei liegt doch auf der Hand, daß die Zweitfamilie gerade in der Anfangsphase, wenn die sozialen Orientierungen neu erfolgen müssen, Spannungen ausgesetzt sein muß.

Das Mißtrauen der Mutter dagegen, daß der Stiefvater sich eine von ihr unabhängige, eigene Position den Kindern gegenüber verschafft, ist aber nur die eine Seite des Problems, die andere ist, daß der Stiefvater in Auseinandersetzungen leicht den Eindruck gewinnen kann, die Kinder wollten ihn in der neuen Familie isolieren oder vielleicht sogar wieder hinausdrängen. In der Regel ist dies wohl ein Mißverständnis, aber es gibt Fälle, wo es bewußt oder unbewußt tatsächlich die Absicht ist, zumal dann, wenn die Kinder ihren sozialen Vater als Konkurrenz zum abwesenden leiblichen Vater ansehen. Deshalb müssen die beiden Erwachsenen von Anfang an ebenso freundlich wie unmißverständlich klarstellen, daß sie sich als Paar betrachten, das auch dann noch zusammenzubleiben gedenkt, wenn die Kinder längst aus dem Haus sind. Auch in dieser Frage ist es wichtig, die Kinder aus der Befangenheit des Augenblicks herauszuführen und ihnen Perspektiven, also Ausblicke auf eine schöne Zukunft zu eröffnen.

Wenn man Kinder läßt, haben sie übrigens einen geradezu altmodischen Familiensinn. Hat der Stiefvater selbst Kinder, die nicht bei ihm leben, betrachten sie diese unbefangen als Mitglieder

der eigenen Familie, sind neugierig auf sie und spontan ausgesprochen solidarisch, weil sie ja schließlich dasselbe Scheidungsschicksal erlebt haben. (Ob das so bliebe, wenn diese anderen Kinder wirklich in die Familiengemeinschaft aufgenommen würden, steht allerdings auf einem anderen Blatt; in diesem Falle gäbe es zumindest am Anfang eine Reihe zusätzlicher Orientierungsprobleme.)

Überhaupt erweitert sich für die Kinder mit dem Eintritt des Stiefvaters die Familie, insofern seine Angehörigen nun auch „irgendwie" dazugehören. Der Stiefvater hat vielleicht noch Eltern und Geschwister, zu denen die Kinder Beziehungen aufnehmen, und sie haben nun vielleicht drei Großelternpaare; denn in vielen Fällen bleiben gerade wegen der Kinder auch die Beziehungen zu Verwandten des abwesenden Elternteils aufrechterhalten. Diese Bedingungen können dazu führen, daß die Zweitfamilie sich nicht von der Außenwelt abkapselt, sondern sich öffnet, und daß die Kinder differenzierte Kontakte zu Erwachsenen aufnehmen können, die ihnen unterschiedlich nahestehen.

Unsere neue Zweitfamilie ist nun also etabliert, aber sie unterscheidet sich doch in einem wichtigen Punkt von den üblichen Erstfamilien. Die Kinder in unserem Beispiel haben eine enge emotionale Beziehung zu ihrer Mutter, aber wie paßt der Stiefvater da hinein, wie soll er sein Stiefkind „lieben"?

Sind die Kinder klein – etwa im Vorschulalter –, dann ist denkbar, daß sie auch zu ihm eine mehr oder weniger enge emotionale Beziehung eingehen, die zunächst die Bindung an den leiblichen Vater verdrängen kann. Sind sie älter, wird das schwieriger. Wie soll der Stiefvater sich einstellen?

Im vorigen Kapitel ist dargestellt worden, was Kinder brauchen, was man also tun kann, um ihnen ein befriedigendes Aufwachsen zu ermöglichen. Von Gefühlen war dort nicht die Rede, eben weil man sie, wenn sie authentisch sein sollen, nicht manipulieren kann, weil sie entweder da sind oder nicht. Welche Art der emotionalen Beziehungen zwischen Stiefvater und Stiefkindern sich entwickeln werden, bleibt offen und damit von beiden Seiten gestaltungsfähig. Da die Kinder die Schwächeren sind, sollte ihnen die Initiative überlassen bleiben. Es kann sein, daß diese Beziehungen sehr herzlich werden, es kann aber auch sein, daß sie eher ironisch-distanziert bleiben. Wichtig ist nur, daß sie glaubwürdig, also authentisch sind. Entgegen einer weitverbreiteten Meinung ist es keineswegs nötig, daß die Gefühle des Stiefvaters unbedingt „väterlich" sind, es kann auch genügen, wenn sie wie vor dem Zusammenleben freundschaftlich-zugewandt bleiben. Der Stiefvater ist nicht der Vater der Kinder, zumal dann nicht, wenn der leibliche Vater noch lebt, und er sollte diese Rolle von sich aus niemals beanspruchen; wenn die Kinder sie allerdings von ihm erwarten, ist das eine andere Sache.

In diesen Zusammenhang gehört auch die Frage der Anrede. Zweitfamilien neigen nicht selten dazu, ihre Besonderheit zu verdrängen und abzuwehren und sich statt dessen am Leitbild der Erstfamilie zu orientieren: Alles soll möglichst so sein, wie in einer „richtigen" Familie. Dazu gehört die Erwartung, daß der Stiefvater mit „Vater" oder „Vati" angeredet wird. Dies ruft fast immer Widerstand auf Seiten des Kindes hervor, auch wenn es äußerlich gehorcht. Auch hier sollte unsere Faustregel gelten: Das Kind entscheiden lassen, welche Art von Beziehung es aufnehmen kann und wie es dies in der Anrede ausdrücken will. Die Kinder entscheiden sich fast immer dafür, den Stiefvater mit Vornamen anzusprechen. Diese Anrede hat sich meist schon in der Zeit ergeben, als er noch Gast der Mutter beziehungsweise der Familie war, so daß es unpassend wäre, die Anrede nun auf einmal zu ändern. Eine solche Erwartung ist respektlos gegenüber den Gefühlen des Kindes.

Das gilt auch für die Absicht, den Nachnamen des Kindes zu ändern, ihm den des Stiefvaters zu geben. Dabei muß man bedenken, daß der Name ein wichtiges Stück der Identität ist, was behutsamen Umgang mit ihm nahelegt. Zudem ginge es in unserem Beispiel auch noch darum, dem Kind den Namen seines Vaters zu nehmen. Andererseits kann es den Kindern unangenehm sein, daß sie anders heißen als ihre Mutter, wenn sie den Stiefvater geheiratet hat. In Ausnahmefällen mag eine Namensänderung angebracht sein – falls die Kinder ihr aus Überzeugung zustimmen –, wenn sich zum Beispiel der leibliche Vater völlig von ihnen abgewendet hat und keinen Kontakt mehr wünscht. Im allgemeinen aber muß sich die Zweitfamilie schon auch nach außen zu ihrer Sonderform bekennen und zum Beispiel den Namen der Kinder neben denen der Eltern an der Haustürklingel anbringen, damit die Freunde und der Postbote Bescheid wissen.

Die Tatsache, daß die Beziehungen des Stiefvaters zu den Kindern im allgemeinen distanzierter sind als die der Mutter, ist auch eine besondere Chance für die Sozialität Familie. Er kann so abgewogener und gleichsam sachlicher auf die Bedürfnisse und das Verhalten der Kinder reagieren als die Mutter, vermag den einen oder anderen ,,Gefühlsclinch" zu entdecken und zu entwirren. Oft ist das egoistische Ausbeutungsverhältnis der Kinder zu ihrer Mutter, wie es sich nach einer Trennung oder Scheidung fast immer einstellt, noch so weit vorhanden, daß der Stiefvater die Rechte und Ansprüche der Mutter verteidigen und gegebenenfalls sogar durchsetzen muß. Auch in den Gesprächen der Eltern über die Erziehung kann der Stiefvater wegen seiner emotionalen Distanz vieles sachlicher sehen und die Mutter bei ihren Entscheidungen entsprechend beraten.

Damit keine Verwirrung entsteht, sollte auch vor den Kindern klar bleiben, daß die grundlegenden Entscheidungen über die Erziehung nach wie vor die Mutter fällt. Diese scheinbare Benachteiligung des Stiefvaters ist in Wahrheit ein Vorzug; denn unbelastet von dem Anspruch, den Kindern nun ständig als Auch-Erzieher gegenübertreten zu müssen, kann er sich relativ unbefangen auf sie einlassen, auf ihr Verhalten, ihre Wünsche, ihre Pläne und Enttäuschungen. Möglicherweise gewinnt er durch seine Glaubwürdigkeit und Überzeugungskraft mehr Autorität, als wenn er sich ständig als Auch-Erzieher aufspielt.

So wichtig für die Kinder Klarheit darüber ist, daß ihre Mutter weiterhin die grundlegenden Entscheidungen für sie fällt, so spielt der Stiefvater andererseits im täglichen Zusammenleben die gleiche Rolle wie die Mutter. *Beide*, Mutter und Stiefvater, bestimmen *gemeinsam* und *gleichberechtigt* die Regeln und Normen des familiären Zusammenlebens: den Umgangston, den Stil, das ,,Klima", das kulturelle Niveau usw. Es kann nicht genug betont werden, daß die Art und Weise des Zusammenlebens pädagogisch, also für die positive Entwicklung der Kinder viel bedeutsamer ist als irgendwelche erzieherischen Eingriffe. Wie sich die Erwachsenen zueinander und zu den Kindern verhalten, wie und worüber gesprochen wird, wie mit Vorurteilen umgegangen wird, welche kulturellen Interessen die Eltern verfolgen, wie sie auf die Pläne, Probleme und Fähigkeiten der Kinder eingehen, das alles macht heute den Kern dessen aus, was die Familie den Kindern mitgeben kann.

Eine weitere wichtige Frage ist die der gemeinsamen Haushaltsfinanzierung. ,,Beim Geld hört die Freundschaft auf", heißt eine alte Weisheit. In jeder Familie sollte eigentlich die finanzielle Verantwortung aufgeteilt werden; Mann und Frau sollten je nach Verabredung für diesen oder jenen Ausgabenbereich verantwortlich sein. Mit der regelmäßigen Zuwendung von Taschengeld übernehmen auch die Kinder die Verantwortung für einen kleinen Teil ihrer Bedürfnisse. Sind sie älter – je nach Reife zwischen 14 und 16 Jahren – sollten sie einen monatlichen Etat bekommen, von dem sie alles außer Essen und Wohnen in der Familie, also zum Beispiel Kleidung oder Reisen, selbst bestreiten müssen. (Schulbücher sollte man ausnehmen, weil die Versuchung besteht, daran in erster Linie zu sparen.) Auf diese Weise können sie lernen, einen Haushalt mit Einnahmen und Ausgaben zu führen und vor allem ihre Bedürfnisse zu kontrollieren und je nach ihren finanziellen Möglichkeiten entsprechende (Kauf-)Entscheidungen zu treffen.

Bei einer Zweitfamilie stellt sich die Frage nach der finanziellen Verantwortung in besonderer Weise. Wenn beide Partner erwerbstätig sind und Einkünfte haben, liegt es nahe, die Kosten für den gemeinsamen Haushalt in irgendeiner Weise zu teilen, die besonderen Kosten für die Kinder (Kleidung, Freizeit usw.) sollten jedoch möglichst weiterhin von der Mutter übernommen werden. Dafür sprechen folgende Überlegungen:

1. Auf diese Weise bleibt die Mutter in diesem Punkt unabhängig von ihrem Partner. Schon in Erstfamilien kann der Streit darüber, wieviel Geld z. B. für die ,,Klamotten" der Kinder ausgegeben werden soll, zu einem Dauerthema werden. Bei der Zweitfamilie kommt der schon erwähnte Verdacht hinzu, daß es dem Stiefvater auf die Dauer leid tun könnte, sich auf die ihm fremden Kinder eingelassen zu haben. Die Frage, welche Ausgaben nun für die Kinder nötig sind oder nicht, ist geeignet, diesen Verdacht

aufkommen zu lassen. Es ist ein Gebot der Klugheit, solchen Situationen möglichst aus dem Weg zu gehen. Der Stiefvater kann ja dann zu diesen besonderen Kosten durchaus etwas beitragen (Geburtstag, Weihnachten, Taschengeld usw.).

2. Die Kinder erfahren auf diese Weise, daß jemand persönlich, durch seine Arbeit, für sie aufkommt. Auch in vielen Erstfamilien ist es ein Mangel, daß den Kindern die Ausgaben, die für sie gemacht werden, gar nicht als mit persönlichen Opfern und Verzichten verbunden erscheinen, als gäbe es da irgendwo einen großen Topf, aus dem sich jeder nach Gutdünken bedienen könnte. Jedenfalls werden auch größere Kinder selten in den Haushaltsplan der Familie eingeweiht, erhalten keinen Einblick, wieviel Geld eigentlich zur Verfügung steht und wie der Mangel zu verteilen ist. Sowohl aus der schon erwähnten Idee des Generationsvertrages als auch aus der Definition der Familie als sozialer Basis erwächst aber die Konsequenz, daß alle ihre Mitglieder grundsätzlich für den ,,ausgeglichenen Haushalt" mitverantwortlich sind. Für Kinder muß die Mitverantwortlichkeit anschaulich personalisiert werden, sonst bleibt sie abstrakt. Ihre Haushaltsverantwortung besteht z. B. nicht darin, daß sie Geld verdienen, aber u. a. darin, daß sie die vorhandenen Sachen pflegen oder zumindest schonen.

Die Chance der Zweitfamilie ist also, daß sie besser machen kann, was in der Erstfamilie im Umgang mit Kindern falsch gemacht wurde. Sie ergibt sich aus der emotionalen Distanz des jeweiligen Stiefelternteils, der gleichsam vernünftiger denken und handeln kann als der emotional viel mehr an die Kinder gefesselte Elternteil, in unserem Beispiel die Mutter. Es wäre also für die Kinder nur ein Nachteil, würde die Zweitfamilie sich von vornherein als familiäre Ersatzlösung verstehen, die glaubt, sie müsse, um die Norm der Erstfamilie zu erreichen, es besonders gut machen. Die Zweitfamilie ist keine Erstfamilie, aber sie ist zu einem Familientyp eigener Art geworden, der seine besonderen Chancen hat. Sie sollte diese Chancen erkennen und sich nach innen wie nach außen entsprechend selbstbewußt präsentieren.

Ebensowenig wie die Alleinerzieherfamilie darf sich also die Zweitfamilie die Erstfamilie zum Maßstab nehmen, sonst wird sie in uneinlösbare Erwartungen verstrickt. Vielmehr muß sie ihre Besonderheiten, die sie zu einer gleichberechtigten Familienform eigener Art machen, akzeptieren.

1. Ein leiblicher Elternteil – in unserem Beispiel der Vater – ist nicht Mitglied dieser Familie, bleibt aber weiterhin für die Kinder mitverantwortlich und sollte – davon wird im nächsten Kapitel die Rede sein – den Kontakt zu ihnen möglichst behalten. Der Stiefvater kann nicht an seine Stelle treten, er muß also eine andere Art von Beziehung zu seinen Stiefkindern aufbauen. Das ist schwierig, weil es dafür keinen klaren Status gibt, aber deswegen auch eine Herausforderung an die soziale und emotionale Kreativität aller Beteiligten.

2. Mutter und Stiefvater haben zwar gleiche Rechte und Pflichten im Hinblick auf das Zusammenleben in der Familie, aber die Erziehungskompetenz bleibt letzten Endes beim leiblichen Elternteil, hier also bei der Mutter. Sie muß die entsprechenden Auseinandersetzungen mit den Kindern führen, der Stiefvater kann sie dabei nur beraten, ermutigen, unterstützen. Das schließt nicht aus, sondern ein, daß er auch von seinem Status her kritisch und unterstützend Anteil am Leben der Kinder nimmt und dabei seine Kenntnisse und Lebenserfahrungen einbringt. Wird diese Rollentrennung unklar, weil entweder die Mutter ihre Verantwortung an den Stiefvater abgeben will oder dieser sie von sich aus beansprucht, dann drohen Beziehungskonfusionen. An diesem Punkte werden wohl die meisten Fehler in Zweitfamilien gemacht, weil hier leicht das normative Leitbild der Erstfamilie durchschlägt.

3. Eine Zweitfamilie beruht von vornherein auf einer Ungleichheit: es gibt einen Familienkern – in unserem Beispiel Mutter und Kinder – zu dem sich eine weitere Person – der Stiefvater – hinzufindet. Diese Ungleichheit muß akzeptiert und produktiv gestaltet werden, auch wenn sie auf die Dauer im Bewußtsein der Beteiligten und im Familienalltag immer bedeutungsloser werden sollte.

4. Eine bisher noch nicht erwähnte Besonderheit ist, daß die Intimität, die ja charakteristisch für die Familie ist und sie von allen anderen Sozialformen unterscheidet, in der Zweitfamilie andere Grenzen hat. In der Erstfamilie wird sie durch das immer noch kulturell sehr wirksame Inzest-Tabu begrenzt. In der Zweit-

familie muß diese Grenze im Verhältnis von Stiefvater zu Stiefkindern – und auch zwischen Stiefgeschwistern – sehr viel bewußter gezogen werden. Das gilt vor allem dann, wenn die Kinder in die Pubertät kommen. Da können sich Verführungssituationen ergeben, die in einer Erstfamilie relativ unwahrscheinlich sind. Da andererseits Mütter leicht entsprechende Befürchtungen hegen, sollten die beiden Erwachsenen darüber offen sprechen, zumal oft auch harmlose Flachsereien zu Mißverständnissen führen können. Es wäre jedoch falsch und auf andere Weise belastend für das Familienklima, wenn nun Verklemmung um sich greifen würde. Es muß genügen, daß die beiden Erwachsenen sich diese Besonderheit klarmachen und sich entsprechend verhalten. Nur wenn die Zweitfamilie sich diese Besonderheiten klarmachen und sie akzeptieren kann, hat sie eine gute Chance.

Für die Kinder ist es übrigens gleichgültig, in welcher Form von Familie sie aufwachsen, wenn ihnen nur zuteil wird, was im Kapitel „Was Kinder wirklich brauchen“ dargestellt wurde.

5. Der abwesende Vater: Störenfried oder Miterzieher?

Vom Typ des übereifrigen Stiefvaters war schon die Rede; er fällt unter anderem dadurch auf, daß er nun „als Mann im Haus die Zügel in die Hand nimmt“, den leiblichen Vater der Kinder als Störenfried betrachtet und den Kontakt der Kinder zu ihm möglichst einengt. Damit unterstützt er möglicherweise einen offenen oder geheimen Wunsch der Mutter, denn sie wird in vielen Fällen dazu neigen, den Vater möglichst zu vergessen oder seine Existenz zu verdrängen. Schließlich hat sie sich nicht ohne Grund von ihm getrennt, und möglicherweise befürchtet sie, daß er, obwohl abwesend, sich emotional über die Kinder wieder in ihre neue Familie hineindrängt, ihr auf die Dauer vielleicht die Kinder innerlich entfremdet.

Das Problem, wie mit dem Vater der Kinder umzugehen und wie deren Kontakt zu ihm zu regeln ist, stellt sich zunächst einmal in der Phase der Trauerarbeit, also in der Zeit unmittelbar nach der Trennung bzw. Scheidung. Ist sie erfolgreich beendet, ist die Fähigkeit entstanden, die eigenen Fehler am Scheitern der Erstfamilie zu erkennen, und der Wille, daraus für die Zukunft zu lernen. Während dieses Prozesses müßte eigentlich auch eine gewisse Gelassenheit im Hinblick auf die Kontakte der Kinder zu ihrem Vater eingetreten sein. Ist das nicht der Fall, dann ist das ein untrügliches Zeichen dafür, daß die Trauerarbeit eben noch nicht beendet ist; dann ist die Abneigung gegen den „Ex“ immer noch so groß, daß man sich das Recht nimmt, anstelle der Kinder zu entscheiden, ob der Kontakt mit dem Vater gut für sie ist oder nicht. Verstärkt wird diese Einstellung oft, wenn der Vater wieder verheiratet ist oder eine Freundin hat, weil bei der Mutter die Befürchtung entsteht, daß er gemeinsam mit dieser Frau ihr die Kinder innerlich entfremden könnte. Es gibt Fälle, wo die Besuchserlaubnis dann an die Bedingung gekoppelt wird, daß die Kinder nur den Vater, aber nicht „die Andere“ treffen dürfen. Haß, Enttäuschung, Verzweiflung und Borniertheit können so groß sein, daß auch Jahre nach der Trennung – wie meist schon im Endstadium der Ehe – die Kinder als „Waffe" benutzt werden, die man dem anderen um die Ohren schlägt. Zwar gibt es auch Fälle, wo die Trennung mehr oder weniger im gegenseitigen Einverständnis erfolgt ist, aber meistens ist die Abneigung der Eltern gegeneinander so groß, daß die Kinder sich gar nicht trauen, ihren Wunsch zu äußern, mit dem Vater zusammenzusein, weil dies als Verrat an der Mutter erscheinen könnte.

Möglicherweise hat der Stiefvater, als er noch Mutters „Freund" war, in dieser Frage mäßigend und aufklärend wirken können. Jetzt ist es durchaus auch *sein* Problem, zumindest muß er den Kindern gegenüber dazu Stellung nehmen, und *was* er dazu sagt, wird sein Verhältnis zu ihnen nachhaltig bestimmen. Zwar gilt auch hier, daß die Erziehungsberechtigung der Mutter unangetastet bleibt, aber wenn sie z. B. den Kontakt der Kinder zum Vater unterbinden oder mindestens behindern will, wird der Stiefvater damit gleichsam auf den Stuhl des abwesenden Vaters gesetzt. Dieses Ansinnen muß er ablehnen, will er die Kinder nicht in eine Gefühlsverwirrung treiben. Seine Aufgabe in dieser Frage ist vielmehr, ihren Weg zum Vater freizugeben, wenn sie es so wollen, sonst setzt er seine Glaubwürdigkeit aufs Spiel.

Wenn die Kinder nicht sehr schlimme Erfahrungen mit ihrem Vater gemacht haben – z. B. häufig seelisch oder körperlich mißhandelt wurden –, haben sie ein tiefes Bedürfnis, den Kontakt zu ihm zu erhalten oder auch erst wieder zu bekommen. Es kommt allerdings auch vor, daß die Mutter in der alten Ehe die Kinder zu ihren Bündnispartnern gemacht hat und deshalb jetzt deren Kontakt mit dem Vater nicht gerade gerne sieht. Abgesehen davon, daß der Stiefvater darauf achten muß, daß diese Bündnispolitik nicht aus alter Gewohnheit gegen ihn fortgesetzt wird, sollte er in solchen Fällen zwischen Kind und Vater zu vermitteln suchen; denn die Kinder müssen selbst herausfinden, welche Beziehung ihnen zum Vater möglich ist. Dazu muß das alte Bündnis aufgelöst werden. Die Kinder sind eigenständige Menschen, die auch die Souveränität über ihre Gefühle haben und entscheiden dürfen, wem sie diese mit welcher Intensität zuwenden wollen. Diese Entscheidung haben die Erwachsenen zu respektieren. Übrigens spielt auch hier das schlechte Gewissen oft eine unerkannte Rolle; es ist für die Mutter leichter, sich einzureden, sie habe durch die Trennung ihren Kindern einen „besseren Vater" verschafft – dies könnte das Gewissen beruhigen –, als die sehr viel schwerer zu ertragende Einsicht aufrechtzuerhalten, daß die Trennung zunächst einmal Sache der beteiligten Erwachsenen und nicht der Kinder war. Auf die Dauer stellt sich dann meist heraus, daß die Inszenierung des „besseren Vaters" schon rein menschlich nicht durchzuhalten ist, ohne daß alle einander etwas vormachen und ihren eigenen Interessen und Bedürfnissen ständig im Wege stehen. Der Vater ist und bleibt für die Kinder *ihr* Vater – was immer sie in ihren Gefühlen darunter verstehen mögen –, der Stiefvater ist „nur" derjenige, mit dem sie täglich in einer Familie zusammenleben und der gerade aus dieser Position heraus gute Chancen hat, auf die Kinder positiv einzuwirken. Die Rolle des Vaters im Erleben und in der Phantasie der Kinder darf man nicht unterschätzen. Wir wissen z. B., daß uneheliche Kinder, die ihren Vater nicht kennen, diese Tatsache lange Zeit, vielleicht ihr ganzes Leben lang, nur schwer ertragen können. Ist der Vater tot, können die Kinder ihn in ihrer Phantasie so gestalten, wie sie ihn gerne hätten bzw. wie sie ihn für ihre jeweilige Lebensphase zu brauchen glauben. Vermutlich gehört die Tatsache, daß wir unser Leben einem Mann und einer Frau verdanken, auch in unserem Unterbewußtsein zu den Fundamenten unserer Identität, so daß wir in dieser Rolle nicht austauschbar sind wie etwa am Arbeitsplatz oder bei flüchtigen Liebesbeziehungen oder auch im Hinblick auf unsere Freunde.

Aber selbst wenn man diese Ansicht für zu „mystisch" hält – und manches spricht in der Tat dafür, daß unsere Vorstellungen über Vater und Mutter kulturell bedingt sind, also nicht von Natur aus da und infolgedessen auch änderbar sind – wird man nicht daran vorbeikommen, daß es schon ganz wichtige Gründe geben muß, Kindern den Weg zu ihrem Vater (und natürlich auch zu ihrer Mutter) zu versperren.

Nehmen wir das ernst, so läßt sich über die Beziehung der Kinder zum abwesenden Vater im einzelnen folgendes sagen:

1. Gerade der Stiefvater tut gut daran, glaubhaft erkennen zu lassen, daß er den Weg der Kinder zu ihrem Vater freihält bzw.

freimacht. Zur Glaubwürdigkeit dieses Verhaltens gehört auch, daß dabei keine gefühlsmäßigen Vorbehalte laut werden, mit denen Kinder so gut wie gar nicht umgehen können („Ja, wenn du unbedingt willst, aber eigentlich ..."). Oft glauben Erwachsene, sie könnten in solchen Fällen emotionale Ehrlichkeit vortäuschen, dann aber durch bestimmte Arrangements das, was sie angeblich selbst wollen, zu verhindern trachten. Dies entspräche durchaus einem weitverbreiteten Erziehungsverhalten, nämlich so zu tun, als ob man die Wünsche von Kindern akzeptiere, dann aber durch die Übermacht der eigenen Worte und sogenannter Begründungen oder durch Gegenveranstaltungen – wenn die Kinder zum Vater wollen, macht man ein attraktives Alternativangebot – letzten Endes den eigenen Willen durchzusetzen. Niemand sollte sich darüber täuschen, daß Kinder schon sehr früh solche Unehrlichkeiten durchschauen und sich solche Erfahrungen auch dann merken, wenn sie äußerlich scheinbar folgsam sind und auf die Begründungen der Erwachsenen hin „Einsicht" zeigen. Unehrlichkeit in einer so wichtigen Frage kann das Vertrauen in die Zuverlässigkeit der unmittelbaren Lebenszusammenhänge, in den „Heimathafen Familie" nachhaltig untergraben. Selbstverständlich gibt es auch praktische Grenzen für den Zugang zum Vater. Wenn z. B. die Familie einen gemeinsamen Urlaub plant, muß der Vater sich terminlich danach richten, denn diejenigen, die zusammen leben, haben auch ein Vorrecht, dieses Leben in seiner zeitlichen Folge zu gestalten.

2. Die Art und Weise, ihre Beziehungen zum Vater zu gestalten, und die Intensität, mit der das geschieht, müssen den Kindern überlassen bleiben. Oft wird bei einer Trennung oder Scheidung vereinbart, wann und wie lange der Vater die Kinder sehen darf. Vielleicht ist eine solche Zwischenregelung unvermeidlich, weil die gespannten Beziehungen der Eltern keine bessere Regelung zulassen. Aber niemand wird bezweifeln, daß diese Reglementierung fundamentaler menschlicher Beziehungen so schnell wie möglich beseitigt werden muß.

Wenn die Kinder für längere oder kürzere Zeit den Vater besuchen, ist er in einer schwierigen Lage. Er teilt sein Alltagsleben nicht mit ihnen, sie sind bei ihm also zu Besuch. So versucht er vielleicht, den Aufenthalt möglichst attraktiv zu gestalten, was wiederum bei den Kindern unrealistische Vorstellungen darüber entstehen lassen kann, wie ein Leben mit dem Vater im Alltag aussähe. Auch ist die Versuchung groß, sie auf diese Weise zu verunsichern, sie für sich zu gewinnen, obwohl der Vater sich vielleicht darüber im klaren ist, daß er in seinem Alltag die Kinder gar nicht betreuen und versorgen könnte. Vielleicht versucht er auch, die für das Scheitern der Ehe charakteristische Bündnispolitik mit den Kindern fortzusetzen bzw. umzudrehen, also wenn er vorher der Verlierer war, nun nachträglich doch noch zu gewinnen, wenigstens im Hinblick auf die Gefühle der Kinder. Oder er ist wirklich betrübt über die Trennung von ihnen und erzeugt nun – bewußt oder unbewußt – Schuldgefühle oder zumindest Konflikte bei ihnen. Macht er sich seine schwierige Position bewußt und will er die Kinder vor solchen Konflikten bewahren, dann gerät er in Gefahr, sich „pädagogisch" zu verhalten, also seine Unbefangenheit und Vitalität zu verlieren, weil er zu viel darüber nachdenkt, ob er sich nun richtig verhält oder nicht.

Wenn wir davon ausgehen, daß auch der abwesende Vater sich pädagogisch richtig, also zum Wohle seiner Kinder verhalten will, dann muß er erst einmal einige ihm vielleicht bittere Einsichten hinnehmen. Zunächst die, daß Kinder niemandes Eigentum sind; er ist nun nicht einmal mehr erziehungsberechtigt. Die zweite bittere Einsicht ist, daß die Kinder – von seinen Unterhaltszahlungen abgesehen – auch ohne den täglichen Umgang mit ihm befriedigend aufwachsen können. Diese Erkenntnis ist unangenehmer als die erste; denn hier verfängt die Ausrede nicht mehr, daß er ungerecht behandelt worden sei, daß er sich dem Richterspruch eben habe beugen müssen usw. Diese zweite Einsicht beruht aber auf einer nicht zu leugnenden Tatsache, denn schließlich leben seine Kinder ja nun ohne den täglichen Umgang mit ihm und damit auch ohne seine pädagogischen Einflüsse. Deshalb regt sich hier oft Widerstand im Sinne von offenen oder geheimen Vorwürfen gegen die „schlechte Erziehung" durch die Mutter oder gar durch den Stiefvater, und in diesem Zustand lauert er dann geradezu darauf, bei seinen Kindern Erziehungsfehler zu entdecken.

Seine Trauerarbeit besteht darin, diese beiden Einsichten anzuerkennen und daraus sein Verhalten für die Zukunft zu entwikkeln. Ist er aufgrund dieses Prozesses in der Lage, unbefangen und sachlich über das Wohl seiner Kinder nachzudenken und darüber, was er dazu beitragen kann, dann entdeckt er vielleicht, daß nicht nur der Stiefvater, sondern auch er besondere Chancen hat. Gerade weil er nämlich von den Problemen des alltäglichen Umgangs und seinen Querelen entlastet ist, kann er auch seine Kinder differenzierter sehen, emotional unbefangener. Ähnlich wie der Stiefvater und möglicherweise noch gelassener kann er sich auf die Pläne, Erfolge, Mißerfolge, Interessen, Bedürfnisse, Hoffnungen usw. seiner Kinder einlassen, ihr ernsthafter Partner für entsprechende Gespräche werden, eine Mischung aus Vater und großem Freund. Gleichsam emanzipiert aus seinem alten Familienclinch kann er – je älter die Kinder werden – für sie eine einzigartige Rolle spielen, nicht als Gegner der Familie, in der seine Kinder nun leben, sondern als Ergänzer. Er kann diese Bedeutung sogar dann gewinnen, wenn er im übrigen aus persönlichen Gründen – was ja sein Recht wäre – zur Mutter in höflicher Distanz bleibt. Hat er selbst wieder eine Familie oder lebt er in einer Zweitehe – mit oder ohne Trauschein – kann er den Kindern anschaulich erfahrbar machen, was beide Eltern ihnen hoffentlich erklärt haben: Erwachsene, die sich einmal geliebt haben, können sich leider so auseinanderleben, daß es für alle Beteiligten, nicht zuletzt für die Kinder, besser ist, wenn man sich trennt und wenn jeder versucht, den Partner zu finden, der *jetzt* (und hoffentlich auch für die Zukunft) besser zu ihm paßt; dies ändert aber nichts daran, daß beide Eltern ihre Kinder weiterhin lieben, nur müssen eben die Kontakte jetzt anders organisiert werden. Für die Kinder wäre wichtig, daß die alten, mehr oder weniger bösen Erfahrungen vor und nach der Trennung nicht das letzte Wort bleiben, daß sie vielmehr in der darauffolgenden positiven Phase nicht nur ihre Eltern verstehen lernen, sondern auch grundlegende soziale Einsichten gewinnen und damit die Angst verlieren, später Beziehungen einzugehen.

Der abwesende Vater kann seine Chancen nur erkennen, wenn die beiden erwähnten Einsichten rückhaltlos anerkannt werden. Es gibt jedoch einige modische Trends, die dies wieder unklar machen. Einer davon ist die Idee des gemeinsamen Sorgerechtes: Beide Eltern wollen auch nach der Trennung wie früher das Sorgerecht gemeinsam ausüben, also alle wichtigen Erziehungsentscheidungen gemeinsam treffen. Man hält das für sehr fortschrittlich, aber in Wahrheit soll es wohl eher das schlechte Gewissen gegenüber den Kindern beruhigen. Davon haben sie bekanntlich nichts, jedenfalls nichts Gutes. Bei Licht betrachtet ist diese Idee familienfeindlich und verkennt den fundamentalen sozialen Sinn des gemeinsamen Familienlebens, den wir schon beschrieben und mehrfach betont haben. Die Idee des gemeinsamen Sorgerechts geht nicht von der Familie als primär sozialer Tatsache aus, sondern davon, daß aufgrund der gemeinsamen emotionalen Beziehung zu den Kindern auch künftig die Verantwortung für sie gemeinsam getragen werden soll. Das aber ist eine Illusion, um nicht zu sagen eine Lebenslüge; denn die Erziehungsentscheidungen können nur an dem sozialen Ort fallen, wo die Kinder auch leben, und nach einer Trennung oder Scheidung lebt eben einer der beiden Elternteile nicht mehr mit den Kindern zusammen, und insofern *können* beide gar nicht mehr die gleiche Verantwortung übernehmen. Das gleiche gilt für die emotionale Nähe. Es ist unausweichlich, daß der nicht mehr mit den Kindern zusammenlebende Elternteil auch in eine emotionale Distanz zu ihnen gerät, und die kann – wie wir eben sahen – zu einer besonderen Chance für den Umgang mit ihnen werden. Für die Kinder ist das gemeinsame Sorgerecht bedeutungslos, für sie ist vielmehr wichtig, daß sie von der sozialen Zuverlässigkeit ihrer Familie umgeben sind und daß die Erwachsenen aufhören, auf ihrem Rücken ihre „Beziehungskisten" auszutragen, daß man ihnen also den Weg zum abwesenden Elternteil nicht verbaut, auch nicht mit emotionalem Unterton. Wenn das reibungslos möglich ist, ist das gemeinsame Sorgerecht der Sache nach überflüssig, dann wird man sich mit dem abwesenden Elternteil in wichtigen Fragen – z. B. Schulentscheidungen – auch beraten; wenn das nicht so einfach möglich ist, wird das gemeinsame Sorgerecht nur zur ständigen Querele und belastet unnötig die Familie, in der die Kinder leben.

In den USA, wo die Entwicklung auch in diesem Punkt schon weiter fortgeschritten ist als bei uns, wird inzwischen in Ergänzung zum gemeinsamen Sorgerecht das „Zweifamilienmodell" propagiert. Damit ist gemeint, daß Scheidungskindern ermöglicht werden soll, sowohl in der Familie der Mutter wie in der des Vaters zu leben, z. B. in der Schulzeit hier, in den Ferien dort, gelegentlich auch umgekehrt.

Dieser Vorschlag hat die unverkennbare Tendenz, angesichts der zunehmenden Ehescheidungen den Kindern die Trennung möglichst zu erleichtern. Die Hoffnung jedoch, sie könnten gleichsam in zwei gleichberechtigten Familien aufwachsen, halte ich für illusionär und pädagogisch bedenklich. Nicht nur Kinder, sondern auch Erwachsene benötigen *eine* soziale Basisorganisation, in der sie kontinuierlich und sozial verbindlich leben und mit der sie sich als ihrer sozialen Heimat identifizieren können. Man muß sich also schon entscheiden, ob diese Heimat die Familie der Mutter oder die des Vaters sein soll. Das schließt nicht aus, daß das Kind wochenlang in den Ferien bei seinem Vater wohnt, aber in zwei Familien kann man nicht gleichzeitig zu Hause sein – wohl nacheinander wie beim Typus unserer Zweitfamilie. Wenn die Kinder ungehinderten Zugang zu ihrem abwesenden Vater und dessen Familie haben, bedeutet das die Chance, eine andere Variante des Familienlebens genauer kennenzulernen und in diesem für das menschliche Leben so wichtigen Punkte die sozialen Erfahrungen zu erweitern. Vielleicht führt das, wenn das Kind älter wird, zu dem Wunsch, den „sozialen Heimathafen" zu wechseln, also hauptsächlich in der Familie des Vaters zu leben. Dann muß man diesem Wunsch stattgeben, wenn nicht sehr gewichtige Gründe im Hinblick auf das Wohl des Kindes dagegen sprechen.

Allerdings erwächst der offenbar zunehmende Wunsch nach gemeinsamem Sorgerecht aus einem ernsthaften Problem. Bei den heutigen Scheidungsverfahren ist die Zuteilung des Sorgerechts – falls sie nicht einvernehmlich erfolgt – immer mit einer Diskriminierung dessen verbunden, dem das Sorgerecht *nicht* zugesprochen wird. Vielfach erfolgt dadurch eine Polarisierung der beiden Eltern, die an und für sich nicht nötig wäre; insofern könnte die Möglichkeit eines gemeinsamen Sorgerechtes eine wohltuende psychologische Wirkung haben. Dagegen wäre von unserem pädagogischen Standpunkt aus solange nichts einzuwenden, als klar bleibt, daß die geschiedenen Eltern einander zwar beraten können im Hinblick auf die Erziehung der Kinder, daß die Entscheidung jedoch letzten Endes nur dort fallen kann, wo das Kind lebt, wo die mit ihm lebenden Erwachsenen auch die Verantwortung dafür übernehmen und gegebenenfalls die Notwendigkeit von Korrekturen erkennen können. Faktisch würde das Ungleichgewicht zwischen beiden Eltern dadurch nicht aufgehoben. Das gemeinsame Sorgerecht wäre also ein formal gleiches Recht, das jedoch im Konfliktfall nur mit höchst ungleichen Chancen ausgeübt werden könnte. Es wäre ein Recht, das sozusagen nur in friedlichen Zeiten funktionieren könnte, und gerade dafür braucht man kein Recht, sondern nur den Willen zur Verständigung.

Wichtiger scheint mir hier zu sein, daß die Vorurteile in der Öffentlichkeit wie bei den Familiengerichten hinsichtlich der elterlichen Rollen beseitigt werden. Tief verwurzelt – sowohl durch die Tradition als in den letzten Jahrzehnten auch durch psychologische Theorien – ist immer noch die Vorstellung, daß die Kinder im Zweifelsfalle bei der Mutter besser aufgehoben seien als beim Vater. Sie gilt immer noch als die natürliche Erzieherin, über die Bedeutung des Vaters für die Sozialisation der Kinder hat es dagegen bis vor wenigen Jahren nicht einmal eine ernsthafte wissenschaftliche Forschung gegeben. Dieses Vorurteil führt in der Praxis dazu, daß sich die Mutter diskriminiert fühlen muß, wenn sie das Sorgerecht *nicht* bekommt; dann ist sie sozusagen öffentlich als schlechte Mutter gebrandmarkt! Also kämpft sie für das Sorgerecht auch in den Fällen, wo sie eigentlich selbst der Meinung ist, das Kind könnte beim Vater günstigere Bedingungen zum Aufwachsen finden, oder wo sie selbst – zum Beispiel aus beruflichen Gründen – das Sorgerecht vielleicht gar nicht haben möchte, weil ein Verzicht ohne Diskriminierung gar nicht möglich ist.

Andererseits hat die bisherige internationale Vaterforschung ergeben, daß auch bei Kleinkindern der alleinerziehende Vater keineswegs per se für ein befriedigendes Aufwachsen der Kinder weniger geeignet ist als die Mutter. Wieder einmal hat sich herausgestellt, daß Fähigkeiten, die wir lange Zeit für „naturwüchsig" gehalten haben, tatsächlich nur kulturell erlernt sind. Vor allem bei jungen Eltern hat sich längst eingebürgert, daß auch die Väter sogleich an der Pflege des Säuglings beteiligt sind. Das wiederum ist nur eine Folge der Emanzipation der Frau, also ihres gleichberechtigten Eintritts in das öffentliche Leben. Diese Rollenerweiterung macht aber auch eine Neuverteilung der Haus- und Erziehungsarbeit erforderlich, und das traditionelle, romantische Bild von der Unentbehrlichkeit der Mutter – wie viele Vorurteile nicht zuletzt durch die Wissenschaft gestützt –, das den meisten Sorgerechtsentscheidungen noch immer zugrunde liegt, ist historisch überholt und droht deshalb zur Ideologie zu werden.

In dem Maße jedoch, wie Väter in die traditionelle Mutterrolle hineinwachsen, werden sie natürlich auch mit den Behinderungen der alleinerziehenden Mütter konfrontiert:

Sie müssen als Alleinerziehende unter Umständen Einkommensverzichte hinnehmen, sich vielleicht eine geringer bezahlte Arbeit suchen, um Beruf und Kindererziehung ausbalancieren zu können, und ihre berufliche Karriere wird im allgemeinen eingeschränkt bleiben.

Das gemeinsame Sorgerecht würde also kaum ein Problem lösen, wichtiger wäre, die Erteilung des Sorgerechtes zu versachlichen, wozu auch gehören würde, es unter Umständen wieder zu entziehen, wenn es dazu benutzt wird, den Umgang des Kindes mit dem nichtsorgeberechtigten Elternteil zu unterbinden oder schikanös zu behindern. Eindeutiges Sorgerecht, aber auch großzügiges Umgangsrecht des nichtsorgeberechtigten Elternteils mit seinen Kindern wäre im allgemeinen die angemessene Lösung.

Man kann es nicht oft genug betonen: Kinder sind nicht das Eigentum ihrer Eltern, sie haben von Anfang an unabhängig von ihnen ein eigenständiges Lebensrecht. Dazu gehört auch das Recht, zum abwesenden Vater den Kontakt zu haben, den sie sich wünschen. Im übrigen nimmt die Zahl der Väter zu, die in der Rolle des Vaters *und* des Stiefvaters leben: Ihre leiblichen Kinder sind entweder aus dem Haus oder sie leben bei deren Mutter, und sie selbst leben in einer zweiten Familie mit Stiefkindern zusammen. Je normaler im statistischen Sinne diese Entwicklung wird, um so mehr kann man hoffen, daß künftig das Los von Scheidungskindern sich erleichtern wird. Einerseits wird die Diskriminierung durch das abnehmen, was man den ,,armen Scheidungskindern" seitens der Öffentlichkeit und leider auch seitens der Wissenschaft als Defizit zuschreibt. Zum anderen eröffnet sich, wenn Scheidungen und Scheidungskinder selbstverständlich werden, die Chance, daß sie von vornherein weniger öffentlich diskriminiert werden und ihr Wohl sachlicher und vernünftiger betrachtet wird. Wenn hier irgend etwas zu diskriminieren ist, dann ist es die Rücksichtslosigkeit, mit der vor und nach der Trennung die Kinder als Waffe gegen den Partner verwendet werden.

Wenn die Kinder grundsätzlich zwischen zwei Familien wählen könnten, würden sie in sozialer Unverbindlichkeit aufwachsen, im schlimmsten Falle verwahrlosen und den Anforderungen ausweichen, die jeweils an sie gestellt werden. Schon in unseren Normalfamilien ist die Versuchung groß, die Eltern gegeneinander auszuspielen oder emotional zu erpressen, um möglichst viel für sich herauszuschlagen, z. B. materiellen Forderungen Nachdruck zu verleihen. Dieses Verhalten kann im Scheidungsfalle sehr subtile Formen annehmen. Man braucht z. B. nur einmal beiläufig zu erwähnen, was „die andere Seite" an Geld, Geschenken und Urlaubsversprechungen angeboten hat, um „die eigene Seite" zu einem entsprechenden Wettbewerb anzustacheln – ein Spielchen, das übrigens auch innerhalb von Erstfamilien üblich ist, wenn die Eltern sich nicht mehr gut verstehen und nun ihre Kinder zu Bündnispartnern machen wollen, wovon diese, wenn sie „den Dreh durchschaut haben", ganz schön zu profitieren lernen. Erpressung – ob offen oder subtil – ist aber bekanntlich deshalb verwerflich, weil sie Erträge ohne eigene Leistung erbringt, wobei die Fehler, Schwächen und Leiden anderer – in diesem Fall sogar sehr nahestehender Menschen! – ausgenutzt werden, anstatt daß ihnen Hilfe angeboten wird. Diese unsoziale Haltung darf in der Familie nicht honoriert werden. Manchmal muß man einer solchen Tendenz auch entschieden gegenübertreten. In einem mir bekannten Fall nervte eine ca. 10jährige Tochter ihre Mutter dauernd mit der Drohung, daß sie zu ihrem Vater gehen werde, wenn ... Eines Tages holte die Mutter einen Koffer und fragte: „Was willst Du alles mitnehmen?" Von diesem Augenblick an war das Thema vom Tisch.

Die neue Familie ist keine heile Welt, die von Anfechtungen und

Konflikten verschont bleiben könnte. Die Kinder müssen lernen, mit dieser für sie prekären Lage fertigzuwerden und stabile Beziehungen sowohl in der neuen Familie als auch zum Vater aufzubauen. Wie die Beziehung zum Vater im Einzelfalle aussieht, ob sie zum Beispiel herzlich oder weniger herzlich sich entwickelt, muß sich herausstellen. In dieser Frage muß man immer auch die *Zukunft* der Kinder im Blick behalten, und das heißt, daß sie älter werden und aus dem Haus gehen. Dann könnte die Beziehung zum Vater ohnehin einen neuen, nicht vorhersehbaren Inhalt bekommen.

3. Der Stiefvater sollte mit dafür sorgen, daß in Gegenwart der Kinder über den abwesenden Vater wenn nicht freundlich, so doch zumindest respektvoll gesprochen wird. Über Abwesende herzuziehen gehört ja ohnehin zu den wenig sympathischen menschlichen Verhaltensweisen. In unserem Falle muß es in der Regel die Kinder kränken, wenn über ihren Vater abfällig gesprochen wird. Das wird deutlich, wenn man die Sache aus ihrer Perspektive sieht: Wie sollen sie sich dazu verhalten? Sollen sie sich solchen Bemerkungen anschließen und so vielleicht den Vater verraten? Oder sollen sie den Erwachsenen gegenüber in Opposition gehen, den Vater verteidigen und damit in eine Distanz zur Familie treten, ohne daß sie es gewollt hätten? Es ist menschlich durchaus verständlich, daß die Mutter ihre Erfahrungen mit dem Vater der Kinder „aufarbeiten" will und darüber auch ungeniert und ohne pädagogische Vorbehalte sprechen möchte, aber das kann sie nur gemeinsam mit ihrem erwachsenen Partner tun, nicht mit den Kindern. Auch der abwesende Elternteil darf die Mutter der Kinder und überhaupt deren Familie nicht schlechtmachen, weil dies die Kinder in Schwierigkeiten bringt. Außerdem sind solche Versuche nach aller Erfahrung erfolglos und führen eher zu einer Entfremdung von dem „lästernden" Elternteil.

Allerdings besteht auch kein Grund, den Vater zu idealisieren. Kommt er z. B. seinen Unterhaltspflichten nicht oder nur unzulänglich nach, so sollte dies vor den Kindern nicht verborgen werden. Für Unterhalt, den er nicht zahlt, müssen andere arbeiten. Auch dies wäre eine wichtige soziale Einsicht. Die Kinder sollen ja ein realistisches Bild von ihrem Vater gewinnen bzw. behalten, wie sie auch im täglichen Umgang von Mutter und Stiefvater eine realistische Vorstellung bekommen und z. B. lernen sollen, Stärken und Schwächen wahrzunehmen und zu akzeptieren.

Übrigens ist die Unterhaltsfrage für den Vater oft mit erheblichen Emotionen belastet. Er soll zahlen – und das heißt arbeiten – für seine Kinder, ohne daß er im Alltag mit ihnen zusammenleben und auf ihre Erziehung einwirken kann. Oder er bildet sich ein, daß der Unterhalt gar nicht für seine Kinder, sondern für seine ehemalige Frau genutzt wird. Nicht selten wird dann der Streit um den Unterhalt zu einer betrüblichen Fortsetzung der früheren Scheidungsauseinandersetzung.

Wie immer aber der Vater sich auf Dauer verhält, ob er bei seinen Kindern „am Ball bleibt" oder ob er sich mehr und mehr zurückzieht, der Stiefvater kann nicht einfach seine Rolle in den Gefühlen und Vorstellungen der Kinder einnehmen. Er kann den Vater nicht ersetzen, aber er kann ihn kompensieren. Er präsentiert sich den Kindern als nicht mit dem Vater verwechselbare eigenständige Persönlichkeit, die im Alltag die sozialen Rechte und Pflichten der Vaterrolle übernimmt.

Unsere modernen Kleinfamilien leiden ohnehin darunter, daß die Kinder einen geringen Spielraum für ihre Beziehungen mit Erwachsenen haben. Die Großeltern oder Tanten und Onkel wohnen oft an einem anderen Ort, so daß regelmäßige Kontakte verhindert werden. So fehlt den Kindern weitgehend die Möglichkeit zur Kompensation: Oma und Opa können z. B. ausgleichen, wenn die Beziehungen zu den Eltern mal schwierig sind; sie können allerdings auch in einen problematischen Wettbewerb mit den Eltern treten, indem sie die Kinder ungebührlich verwöhnen, sie unter Umständen geradezu zu einer sozialen Taktik animieren, bei der sie lernen, auf welche Weise sie bei wem das meiste herausschlagen können. Aber jedes menschliche Verhalten hat diese Doppelbödigkeit, auch für Erwachsene ist der Weg von der Liebe zur Erpressung kurz. Für Kinder jedoch ist es sehr wichtig, *unterschiedliche*, aber verläßliche Beziehungen eingehen zu können: mit dem Stiefvater eine andere als mit dem Vater, mit der Oma eine andere als mit der Mutter. So lernen sie, den Reichtum menschlicher Beziehungen zu erleben und damit umzugehen. Allerdings müssen Kinder auch wissen, wo ihr Platz ist. Die Familie, in der sie aufwachsen, ist ihre Familie, nicht die des Vaters. Insofern wäre es falsch, sie ständig hin und her pendeln zu lassen, weil sie dann nirgendwo richtig Fuß fassen und kein Zugehörigkeitsgefühl entwickeln können. Zumindest bis sie herangewachsen sind, brauchen Kinder *ein* Zuhause, nicht mehrere. Es ist eine Tatsache, mit der sich der abwesende Vater abfinden muß, daß die Kinder bei ihm und seiner Familie nur zu Besuch sind. Erst wenn sie ins Jugendalter kommen und ohnehin ihren Auszug aus dem Elternhaus vorbereiten, brauchen sie ihren Platz in der Familie immer weniger, und dann kann auch die Beziehung zum Vater eine neue Qualität gewinnen. Sind die Kinder als junge Erwachsene einmal ausgezogen, erscheinen sie auch bei ihrer Mutter nur noch zu Besuch. Dann kann man für die zurückbleibenden Erwachsenen nur hoffen, daß sie auf diese Phase ihres Lebens vorbereitet sind, ihre Kinder auch loslassen und nun das gemeinsame Leben ohne Kinder genießen können. Unsere Alltagserfahrung lehrt, daß das gar nicht so einfach ist.

II.
Aufwachsen in der Zweitfamilie

Wir haben im ersten Teil die Entstehung einer Zweitfamilie verfolgt und dabei wesentliche Probleme angesprochen, die in diesem Prozeß auftauchen und gelöst werden müssen. Teils sind dies Probleme, die sich in jeder Familie irgendwie stellen, teils sind es solche, die speziell für die Zweitfamilie gelten, z. B. die Existenz von zwei „Vätern". Nun wollen wir unsere Modellfamilie als etabliert betrachten, jetzt ist sie eine unter vielen anderen, „stinknormal", wie die Kinder sie sich wünschen. Je nach deren Alter wird sie noch eine Reihe von Jahren bestehen, bis sie aus dem Haus gehen und nur noch eine „Zweitehe" übrig bleibt, wenn die beiden Partner dies schaffen. Mit der Zeit von der Etablierung der Zweitfamilie bis zum Auszug der Kinder soll sich der zweite Teil des Buches befassen, und zwar unter dem Aspekt des Aufwachsens der Kinder. Dabei geht es um Überlegungen, die natürlich weitgehend auch für die anderen Familientypen gelten, aber ein Vorteil der Zweitfamilie kann ja darin bestehen, daß sie gezwungenermaßen die Kinder und ihr Aufwachsen vernünftiger, sachlicher sehen muß. Diese Chance wollen wir nun aufgreifen.

Zunächst sollen noch einmal die für das Aufwachsen der Kinder bedeutsamen Prinzipien des Familienlebens zusammenfassend dargestellt werden, wie sie im Verlauf des ersten Teils schon angesprochen worden sind. Sie gelten zwar nach meiner Überzeugung für alle Familien, aber erst die Erfahrungen, die man in Zweitfamilien machen kann, haben diese Einsichten wieder ins Bewußtsein gebracht. Es ist nützlich, sich diese Prinzipien im Zusammenhang noch einmal klar zu machen, weil sich aus ihnen allgemeine Handlungsstrategien im Umgang mit den Kindern ableiten lassen.

In einem zweiten Schritt muß sich unser Gesichtsfeld erweitern: Die Kinder leben nicht nur in der Familie, sie leben auch in der Schule, im Freizeitbereich, unter Gleichaltrigen und im Umgang mit den Massenmedien. Wie soll sich die Familie zu diesen außerfamiliären Erlebnis- und Erfahrungsräumen verhalten? Die zentrale pädagogische Bedeutung der Familie liegt einmal, wie wir gesehen haben, in ihrer eigentümlichen Sozialität, in der Art und Weise, wie das Zusammenleben gestaltet ist. Im Verhältnis zu ihrer Umgebung gewinnt sie nun eine zweite fundamentale Bedeutung, nämlich als *Interpretationsort* für die Deutung derjenigen Erfahrungen, die Kinder außerhalb der Familie machen und die sie dann nach Hause mitbringen.

Schließlich bleibt das Ende der Familie zu thematisieren. Wenn die Kinder das Haus verlassen, ist das nicht selten mit schweren Konflikten verbunden.

1. Prinzipien des Familienlebens

Etwa in den letzten 20 Jahren ist die Diskussion über Erziehung, ihre Probleme und Chancen und über den Umgang mit Kindern und Jugendlichen von psychologischen bzw. psychoanalytischen Theorien bestimmt worden. Die Erfahrungen, auf denen diese Theorien basieren, sind überwiegend seelische Krankengeschichten, d. h. Geschichten von Menschen, die aus irgendeinem Grunde therapeutische Hilfe in Anspruch genommen haben. Bei den herrschenden therapeutischen Schulen gilt es als wichtig, die Gründe für seelisches Leiden zumindest *auch* in der Kindheit zu suchen. Auf diese Weise entsteht dann zunächst ein Bild von gestörter Kindheit, aus dem dann umgekehrt ein Bild von ungestörter Kindheit, also auch von richtiger Erziehung in der Familie konstruiert wird. Die so entstehende Vorstellung von richtiger Erziehung ist aber in mehrfacher Hinsicht problematisch. Einmal sind solche Zusammenhänge zwischen kindlichen Erfahrungen und späteren seelischen Leiden im Grunde nicht nachweisbar, es sind reine Vermutungen. Zum anderen haben viele Kinder unter ganz ähnlichen Bedingungen gelebt, ohne erkennbar seelisch krank geworden zu sein. Würde man die Faktoren, die in solchen Krankengeschichten auftauchen, allgemein als Krankheitsursachen anerkennen, dann wären wir ein Volk von Neurotikern und Psychopathen, und nicht wenige, die von solchen Theorien beeindruckt sind, halten in der Tat unsere ganze Gesellschaft nicht mehr für normal. Drittens schließlich muß das positive Bild von Erziehung, das als Gegenbild aus solchen Krankheitserfahrungen konstruiert wird, so extrem anspruchsvoll sein, daß es lebensfremd wird, weil es ja alle irgendwie möglicherweise krankmachende Faktoren ausschalten möchte. Das ist als ob die Mediziner uns ein Leben propagieren würden, in dem niemand krank werden kann. Bis zu einem gewissen Grade „ist das Leben lebensgefährlich", wie Erich Kästner einmal gesagt hat. Das Risiko, daß wir in unserem Leben körperlich oder seelisch krank werden können, gehört dazu, ist also normal. Manche der von solchen Krankheitsgeschichten her argumentierenden Autoren kapitulieren denn auch vor dieser Konsequenz, indem sie das Nichtstun propagieren: Man solle die Kinder wachsen lassen, wie sie wollen, sich nicht einmischen, wenn man nicht ausdrücklich von ihnen dazu aufgefordert wird.

Ein weiteres Manko dieser therapeutisch orientierten Theorien besteht darin, daß sie schon von ihrem wissenschaftlichen Ansatz her den Blick einmal auf innere seelische Vorgänge im Menschen und zum anderen auf seine emotionalen Beziehungsprobleme richten. Schwierigkeiten, die die Menschen mit sich und anderen haben, werden als Beziehungschwierigkeiten definiert.

Aus dieser Einsicht wurden Vorschläge erarbeitet und inzwischen von den Massenmedien propagiert, die darauf hinauslaufen, daß man sich miteinander verständigen und hinsichtlich der widerstrebenden Erwartungen einen fairen Ausgleich anstreben solle.

Diese Hinweise sind zweifellos wichtig, weil sie die Autonomie des einzelnen – auch des Kindes – ernstnehmen und somit für das Alltagshandeln von praktischem Nutzen sind. Aber aus dem Blick geraten sind dabei die außersubjektiven Gesichtspunkte, z. B. daß die Familie mehr ist als die Summe ihrer individuellen Mitglieder und deren Interessen und Beziehungen. Außerdem können solche psychologischen Ansätze keine überindividuellen *Normen* für die Lösung zwischenmenschlicher Probleme – z. B. zwischen Eltern und Kindern – geltend machen. Sie können Normen nur gelten lassen, insofern sie die betroffenen Individuen auch selbst zur Geltung bringen. Der Blick bleibt also beschränkt auf das, was die Menschen, die Probleme miteinander haben, von sich aus an Normen, Gefühlen, Erwartungen, Bedürfnissen und Wünschen in die gestörte menschliche Beziehung einbringen. Diese werden als gleichberechtigt betrachtet, und der Appell ist, sich über die Widersprüche auf der Basis der Gleichberechtigung zu verständigen.

Darin drückt sich also einerseits ein hoher Respekt vor der Autonomie der menschlichen Persönlichkeit – auch des Kindes – aus. Andererseits aber bleiben die betroffenen Menschen auf diese Weise ihrer jeweiligen Befindlichkeit überlassen, können sich nicht aus ihr befreien, weil ja von außen kommende, also überindividuelle Normen oder Prinzipien nicht eingebracht werden können. Eine Art von unaufgeklärtem Subjektivismus ist also die Folge.

Obwohl darüber hinaus in diesen psychologischen Konzepten die Gleichrangigkeit und Gleichberechtigung der betroffenen Menschen unterstellt wird, leben diese tatsächlich in der Regel in ungleichen Abhängigkeiten voneinander, was gerade am Beispiel des Verhältnisses von Eltern und Kindern deutlich wird. Deshalb ist zu erwarten, daß in der alltäglichen Anwendung dieser Gleichheitsgrundsätze der Stärkere sich durchsetzen wird. In der Tat kann man oft beobachten, wie Eltern diese psychologischen Grundsätze anwenden, dabei aber doch – z. B. durch ihre verbale Überlegenheit – ihren Willen durchsetzen.

Nun hätte es unsere Zweitfamilie schwer, wenn sie sich von Konzepten leiten ließe, die in der Familie nur die jeweils individuellen Beziehungsdimensionen und deren Emotionalität sehen. Dann müßte der Stiefelternteil sich z. B. unentwegt fragen, ob seine Beziehungen zu den Kindern stimmen, ob er das je schaffen werde usw. Diese Konzepte können die *Sozialität* der Familie nicht erfassen und schon gar nicht ihren *Sinn*. Mit solchen Ideen im Kopf kann man also keine Familie gründen, man kann sie allenfalls dann in Anspruch nehmen, wenn die Konflikte einmal so gravierend werden sollten, daß sie mit „Bordmitteln", also durch Gespräche der Beteiligten, nicht mehr gelöst werden können, und es daher zweckmäßig erscheint, fachliche Beratung in Anspruch zu nehmen. Insbesondere kann der eigentümliche *Sinn des Zusammenlebens der Generationen* in der Familie, also ihr eigentlich pädagogischer Sinn von solchen psychologischen Vorstellungen nicht zutreffend erkannt werden.

In der eben kritisierten Psychologisierung der Familie drückt sich jedoch mehr aus als nur eine Mode. Sie hat vielmehr einen geschichtlichen Wandel begleitet und teilweise auch zu deuten versucht, den man vielleicht als den Wandel von der „bürgerlichen Familie" zur „Partnerfamilie" beschreiben kann.

Die bürgerliche Familie, wie sie etwa bis in die 50er Jahre vorherrschte, war auf eine klare Rollenteilung gegründet: Der Mann verläßt die Familie, um den Lebensunterhalt zu verdienen; er erfährt dabei, worauf es im Leben ankommt und gibt diese Erfahrungen als Erzieher nicht selten mit Härte an seine Kinder weiter. Die Mutter dagegen führt das Haus und ist für Wärme und Geborgenheit zuständig, ohne die auch der Mann die beruflichen Belastungen nicht ertragen könnte. Die Kinder bereiten sich durch möglichst gute schulische Leistungen auf ihre Karriere als Mann oder Frau vor. Dieses Idealbild zerbrach in dem Maße, wie auch die Frau die Familie verließ, um berufstätig zu werden. Jahrzehntelang hat es über diesen Prozeß Auseinandersetzungen gegeben, auch pädagogische: Die beruflich engagierte Mutter wurde geradezu öffentlich angeklagt, daß sie ihre Kinder vernachlässige (wenn Arbeitskräfte knapp wurden, verstummte die Klage allerdings immer wieder). Zweifellos hat die Emanzipation der Frau zwei Seiten gehabt: Einmal konnte sie dabei ihre individuellen Rechte als Persönlichkeit durchsetzen, andererseits wurde dadurch die alte ,,Sozialität Familie" mit ihrer klaren Rollenaufteilung zerstört. Die Kosten dieses Prozesses haben alle bezahlen müssen: Die Frauen mit ihrer Doppelbelastung in Beruf und Familie, die Männer durch die Verunsicherung ihres Status und den Verlust der selbstverständlichen häuslichen Geborgenheit, die Kinder durch die ständige Gefährdung der sozialen Zuverlässigkeit ihres Lebensraumes Familie.

Die Psychologisierung der Familie, wie sie sich als herrschende Meinung nicht nur in der Wissenschaft, sondern auch in den Medien in den letzten 20 Jahren durchgesetzt hat, rechtfertigte diesen Emanzipationsprozeß, indem sie die *Gleichberechtigung* der Bedürfnisse und Gefühle *aller* Familienmitglieder propagierte, auch der Kinder.

Aber auch dieser Fortschritt hatte seinen Preis. Die Sozialität der Familie löste sich auf in eine Summe von ,,Beziehungskisten" – der Erwachsenen miteinander und mit den Kindern sowie der Kinder untereinander. Teilweise konnte es so scheinen, als sei die Familie eine Art von Gefühls- und Bedürfnismarkt, dessen Ziel das Gleichgewicht von Angebot und Nachfrage sei.

Daß da etwas nicht stimmt, können wir von den Scheidungskindern lernen, von ihrer Sehnsucht nach Normalität, und von den Erfahrungen der Zweitfamilien. Wir tun also gut daran, die einseitige psychologische Betrachtung der Familie zu überwinden und statt dessen ihre soziale Bedeutung wieder in den Mittelpunkt zu rücken. Dann, so hat sich gezeigt, entdecken wir auch neue Maßstäbe für den Umgang mit unseren Kindern, für deren Aufwachsen in der Familie.

Allerdings beruht die neue Sozialität der Familie, der Partnerfamilie, auf ganz anderen Voraussetzungen als bei der alten bürgerlichen Familie. Mann und Frau sind nun prinzipiell mit gleichen Rechten nach außen gewendet, beruflich und möglicherweise auch politisch engagiert, die Kinder sind ebenfalls weitgehend nach außen orientiert, an den Gleichaltrigen und an ihren Freizeitinteressen. Der „soziale Heimathafen" ist offener geworden als früher, weniger von oben nach unten geordnet. Das Zu-Hause-*Sein*, die emotionale Fixierung der Mitglieder aufeinander, hat an Bedeutung verloren, wichtiger ist das immer wieder befriedigende Nach-Hause-*Kommen*.

Fassen wir also in diesem Sinne noch einmal die wichtigsten familienpädagogischen Prinzipien zusammen.

1. Die Familie ist eine eigentümliche, unverwechselbare Sozialität, also eine Lebensgemeinschaft von Kindern und Erwachsenen, die mit keiner anderen gesellschaftlichen Sozialform austauschbar ist. Man kann zur selben Zeit immer nur *einer* Familie angehören. Als Sozialität ist sie mehr als die Summe der individuellen Beziehungen ihrer Mitglieder zueinander, und ihr Sinn besteht vor allem darin, ihren Mitgliedern soziale Zuverlässigkeit zu gewähren, also eine Art von „sozialem Heimathafen". Sie funktioniert entsprechend, wenn jeder immer wieder gern nach Hause kommt. Die Familie fungiert also als eine Art von sozialem Stützpunkt, den ihre Mitglieder – von den kleinsten abgesehen – täglich verlassen können, um immer auch zu ihm zurückzukehren.

Der Sinn dieser sozialen Gemeinschaft ist, daß jedes Mitglied in seiner umfassenden Menschlichkeit akzeptiert wird, wie es ist, mit seinen Stärken und Schwächen, im Glück und im Unglück. Ausschlaggebend ist nicht so sehr, ob hier alle emotionalen Bedürfnisse befriedigt werden können, sondern die soziale Geborgenheit. Nirgendwo im öffentlichen Leben ist dies möglich, da werden von den Menschen immer nur *partielle* Leistungen, Funktionen und Rollen verlangt.

Jemanden so zu akzeptieren, wie er ist, ist ein Leitmotiv, eine regulative Idee, eben eine prinzipielle Forderung. Tatsächlich weiß man aber gar nicht genau, wie der andere ist, weil niemand so tiefgehend die Persönlichkeit eines Menschen, auch nicht eines Kindes, ergründen kann; auch sich selbst kann niemand mit hinreichender Gründlichkeit kennen. Ferner muß das Akzeptieren nicht unbedingt das *Verhalten* der anderen einschließen, sonst müßte man sich ja alles gefallen lassen. Das Verlangen, gewisse Regeln der Höflichkeit und des Respekts einzuhalten, also die üblichen sozialen Umgangsformen in der Familie, widerspricht diesem Grundsatz nicht. Entscheidend ist vielmehr, daß die Familienmitglieder vielfältig aufeinander einwirken, und daß sie dies authentisch tun können, also ohne Getue, ohne Maske, ohne Rolle und so, daß sie sich ihrer Schwächen nicht schämen müssen. „Liebe ist da, wo man Schwäche zeigen kann, ohne Stärke zu provozieren", hat der Philosoph Theodor W. Adorno einmal gesagt, und wenn das Wort Liebe innerhalb der Familie einen Sinn hat, dann diesen.

Nun ist das Wort „authentisch" inzwischen auch zu einem Modewort geworden. Viele benutzen es in dem Sinne, daß sie glauben, man könne einander in „bloßer Menschlichkeit", unter Umgehung aller übergreifenden Normen, Ansprüche und Regeln begegnen. Oft wird diese Vorstellung kulturkritisch gewendet, als sei damit die „Entfremdung" und die Kälte unserer privaten und öffentlichen menschlichen Beziehungen zu unterlaufen.

Tatsächlich jedoch gibt es kein bloßes Menschsein außerhalb von kulturellen Normen und Formen bzw. von sozialen Regeln. Authentischsein heißt nichts anderes, als solchen außersubjektiven Vorgaben eine persönliche, individuelle Version zu geben, sie mit eigener Glaubwürdigkeit auszufüllen. Unser Stiefvater kann nur dann authentisch sein, wenn er z. B. verbindliche Vorstellungen von Väterlichkeit und von Familie im Sinne von geltenden Normen hat, die er nicht selbst erfunden hat, denen er vielmehr nur eine persönliche Version geben will. Insofern ist niemand schon deshalb authentisch, weil er einfach seinen Gefühlen freien Lauf läßt; er ist es vielmehr nur dann, wenn er sich dabei an gemeinsame Verhaltensregeln hält, die die anderen kalkulieren können. Frau und Kinder zu verprügeln hat nichts mit Authentizität zu tun, sondern nur mit mangelnder Selbstbeherrschung.

Wenn wir uns also die einzigartige Sozialität der Familie klarmachen, dann wird auch deutlich, daß sie das „Pädagogisieren" nur in sehr engen Grenzen verträgt. Die Bedeutung der Familie für das Aufwachsen der Kinder liegt in erster Linie in ihrem Sozialcharakter selbst, pädagogisch gesprochen ist sie also eine Sozialisationsinstanz, d. h. sie wirkt durch das, was sich im Zusammenleben ereignet, ohne daß es wegen dieser Wirkung geplant und arrangiert wird. Pädagogisch handeln kann hier also nur heißen, auf die Kleinheit der Kinder Rücksicht zu nehmen, sie nicht zu überfordern, sie als Lernende mit Geduld zu behandeln. Problematisch wird es jedoch, wenn man anfängt, planmäßig etwas zu inszenieren, damit dann die Kinder zu einem erwünschten Verhalten genötigt werden. Planmäßigkeit und Zielorientiertheit sind Maßstäbe des *professionellen* pädagogischen Verhaltens, z. B. des Lehrers in der Schule, in der Familie jedoch müßten sie den Charakter der Manipulation annehmen. Diese Art von Erziehung wäre insofern familienfeindlich, als das Kind ständig in seinem So-Sein angegriffen würde; man will es anders haben, als es ist, und genau damit würde sein Vertrauen in die Sozialität der Familie gestört.

Nehmen wir ein Beispiel: Es gibt Eltern, die selbst gerne spielen und ihre Kinder so früh wie möglich in dieses Vergnügen einzubeziehen trachten. Dabei müssen sie natürlich Rücksicht auf die Kleinheit des Kindes nehmen, es muß das Spiel erst richtig lernen und es fällt ihm lange schwer zu verlieren. Aber dies wäre eine authentische Konstellation. Andere Eltern spielen selbst nicht gern, halten es aber für pädagogisch sinnvoll, daß ihre Kinder möglichst oft und viel spielen. Also manipulieren sie sich selbst, indem sie ein eigenes Interesse am Spiel vortäuschen. Warum bleiben sie dann nicht bei der Wahrheit und signalisieren dem Kind, daß sie es ihm zu Gefallen tun? Ein anderes Beispiel: Oft gibt es Auseinandersetzungen mit Kindern über deren Schlamperei und Unordnung. Sofern ein solcher Ärger aus dem unmittelbaren Zusammenleben erwächst, ist er vielleicht im Einzelfalle nicht gerechtfertigt, aber wenigstens glaubwürdig für das Kind. Oft wird jedoch so getan, als ob der eigene Ärger gar nicht wichtig sei, vielmehr müsse das Kind *für seine Zukunft* ein ordentlicher Mensch werden. Ganz abgesehen davon, daß für die Zukunft des

Kindes nur Bedeutung haben kann, was im gegenwärtigen Leben der Familie gelernt wird, ist diese ,,erzieherische" Einstellung unglaubwürdig.

Dieser Punkt verdient heute deshalb eine gewisse Aufmerksamkeit, weil vor dem Hintergrund der modisch gewordenen psychologischen ,,Beziehungskonzepte" alle möglichen Ratschläge, auch in Büchern, auf die Eltern einstürmen, wie sie es anstellen können, damit das Kind tut, was die Eltern wollen, und dabei glaubt, es sei seine eigene Einsicht und sein eigener Wille. Die Eltern sind jedoch keine Therapeuten und die Kinder nicht deren Klienten. Sofern solche Ratgeber das Verständnis für Kinder erhöhen, sind sie nützlich. Aber sie legen auch die Versuchung nahe, das unmittelbar erkennbare Verhalten von Kindern als ,,uneigentlich" zu betrachten, als ein Symptom, hinter dem etwas ganz anderes (z. B. Angst) vermutet werden müsse. Eine solche Einstellung führt in der Konsequenz dazu, daß gar nicht mehr ernstgenommen wird, was das Kind sagt und tut, sondern der Interpretation der Eltern unterworfen wird: ,,Was Du *wirklich* meinst, weiß ich besser als Du!" Wer da auf die Dauer nicht seelisch krank wird, ist wirklich ein Wunderkind!

Die eigentümliche Sozialität der Familie wird zerstört, wenn die Familienmitglieder im Umgang miteinander sich nicht am offensichtlichen Verhalten der anderen orientieren, das sozusagen beweiskräftig auf dem Tisch liegt: die Frechheit, die Schlamperei, die Fünf in Mathematik usw. Das ist die Sache, die zur Debatte steht. Wird sie zugunsten einer Ersatzdiskussion verlassen, so kann das für ein Kind nur desorientierend wirken. Gewinnt man den Eindruck, daß dahinter etwas steht, was das Kind (noch) nicht formulieren kann, z. B. eine Angst, dann kann man dadurch Verständnis dafür signalisieren, daß man zwar ,,bei der Sache bleibt", aber im Tonfall so etwas wie Entgegenkommen signalisiert. Es gibt psychologische Ratgeber, die dazu animieren, das hinter der Sache – also z. B. einer Frechheit – vermutete Gefühl *anstelle des Kindes* zur Sprache zu bringen (,,Du hast jetzt sicher vor etwas Angst; Du fühlst Dich jetzt vielleicht nicht ganz wohl"). Das ist ein äußerst problematisches Verhalten, weil man das Kind zur Introspektion veranlaßt, also dazu, seinen Blick in seine eigene Innerlichkeit zu richten, in das Gewirr seiner Motive und Gefühle. Die Manipulation der Eltern wird dann irgendwann durch eine Gegenmanipulation beantwortet: Das Kind lernt schnell, daß es in seiner Innerlichkeit eine Reihe von Ausreden für sein Verhalten parat hat, gegen die man nicht mehr argumentieren, die man nur noch zur Kenntnis nehmen kann. Das ist das Ende eines lebendigen Austausches zwischen Eltern und Kindern. Es gibt Eltern, die regelmäßige „Planungskonferenzen" abhalten, ihr Kind wie ein Versuchstier beobachten und anhand der schlauen Ratgeber vergleichen, ob es auch im Rahmen der Regel fortgeschritten ist; wenn nicht, wird irgend etwas inszeniert, um den Rückstand aufzuholen.

Erzieherisches Handeln im Sinne planmäßiger Einwirkung auf den anderen, damit sich sein Verhalten langfristig und dauerhaft ändert, widerspricht also der eigentümlichen Sozialität der Familie, ist geeignet, diese zu zerstören. Wer so mit Kindern umgeht, behandelt seinen erwachsenen Partner entsprechend. Spätestens wenn ein Erwachsener z. B. mit der Eitelkeit oder Schwäche seines Partners spielt, um ihn zu etwas „herumzukriegen", wird jeder zustimmen, daß das eine Ehe gefährdet, wenn es zur Dauerstrategie wird. Aber die Grundregeln der Sozialität Familie müssen für alle gelten, auch im Umgang mit den Kindern, modifiziert lediglich durch die Tatsache, daß sie eben „klein" sind und je nach Alter die Regeln der Sozialität Familie (und vieles andere auch) noch lernen müssen.

Der Grundsatz, daß die Regeln des Umgangs in der Familie für alle gleich sein müssen, sei durch zwei Beispiele erläutert. Strafe (z. B. Schulstrafe, Kriminalstrafe) ist eine *öffentliche* Kategorie und nötig zur Aufrechterhaltung von *rechtlichen* Grundsätzen. In der Familie dagegen hat Strafe – also das Zufügen eines Übels für etwas Verbotenes, das mit diesem Übel in der Sache nichts zu tun hat, z. B. Hausarrest für eine verpatzte Mathematikarbeit – keinen Ort, außer im Sinne einer Wiedergutmachung. Wäre das anders, müßten auch die Erwachsenen anfangen, einander zu bestrafen, und jeder kann sich in seiner Phantasie ausmalen, wohin das für die Beziehung der Eltern zueinander in kurzer Zeit führen würde. Freizeitkontrolle (Wo gehst Du hin? Wann bist Du zurück?), um ein zweites Beispiel zu nennen, wird in einer Familie zum pädagogischen Sondergesetz, wenn sie nur für die Kinder gilt. Alle Familienmitglieder schulden einander diese Auskunft. Wenn einer der Eltern – z. B. aus beruflichen Gründen – sich irgendwo länger als geplant aufhalten muß, gibt er der Familie Bescheid. Nur wenn das selbstverständlich ist, kann es auch für die heranwachsenden Kinder selbstverständlich werden.

Die Familie ist also eine (relativ) zuverlässige Lebensgemeinschaft, in der jeder so akzeptiert wird, wie er ist bzw. wie er sich durch Lernen weiterentwickelt. Faustregel: Man sollte Kinder so behandeln, wie man als Erwachsener in einer entsprechenden Situation behandelt werden möchte.

2. Die Familie als Lebensgemeinschaft, als Sozialität, muß die Aufgaben und Arbeiten, die für ihren Erhalt notwendig sind, einigermaßen gerecht unter sich aufteilen. Niemand darf einfach zum Nulltarif leben. Ökonomisch gesehen ist die Familie ein Haushalt. Die finanziellen Mittel kommen in der Regel durch die Erwerbstätigkeit der Eltern ins Haus, also als Ertrag ihrer Arbeit. Die Tätigkeiten des Einkaufens, Kochens und der Wohnungspflege müssen zusätzlich erledigt werden. Nun ist es in unseren Mittelschichtfamilien üblich geworden, sich Kinder als eine Art von Luxus zu halten, als bloße Nutznießer, die ansonsten keinen Finger krumm machen müssen, weder für die Arbeit, die sie selbst verursachen, noch für die Gemeinschaft. (Sie scheinen in der Nachfolge jener pelz- und perlenbesetzten Luxusfrauen zu stehen, die nichts zu tun haben, sondern von ihren Männern als demonstrativer Konsum ausgehalten werden.) Eine solche Familie hat den Charakter einer Zweiklassensozialität, und dafür gibt es keinen vernünftigen Grund. Was Kinder schon selbst können, müssen sie auch selbst tun bzw. mittun. Zu begrenzen ist dieser Anspruch nur durch die andere Aufgabe, daß Kinder nämlich in der Schule wie in ihrer Freizeit ihre Fähigkeiten entfalten müssen. Insofern müssen sie nicht *alles* tun, was sie schon können. Je größer die Kinder werden, um so mehr müssen die Eltern aber die Erfahrung machen können, daß *ihre* Arbeit in der Familie weniger wird. Wie das im einzelnen arbeitsteilig zu organisieren ist, muß den Bedingungen des Einzelfalles überlassen bleiben.

Kinder sollen ja am Ende des Jugendalters selbständig und in eigener Verantwortung ihr Leben in die Hand nehmen können, und diese Fähigkeit entsteht nicht plötzlich, etwa am Tage der Volljährigkeit, sondern muß über Jahre hinweg an Teilaufgaben geübt und gelernt werden. Abgesehen davon gilt für jede menschliche Sozialität, daß die einzelnen Mitglieder nur insofern in ihr geachtet und anerkannt sind, als sie für das Ganze, für das Gemeinwohl, einen eigenständigen Beitrag leisten. Beteiligt man also die Kinder nicht an der in einer Familie anfallenden Arbeit, dann gewährt man ihnen auch keine eigenständige Position in ihr, sie werden dann gleichsam ausgeschlossen aus der Sozialität, und über die Gründe, weshalb das so oft geschieht, kann man nur spekulieren.

Wenn gerade Mittelschichtfamilien ihre Kinder von familiären Arbeitsbelastungen freisetzen wollen, spielt dabei vielleicht eine Rolle, daß sie ihre ganze Kraft der Ausbildung und damit ihrem sozialen Aufstieg widmen sollen. Möglicherweise wirkt auch die Kindheitserfahrung der Eltern nach, wenn sie durch Arbeitsbelastung und finanzielle Engpässe bestimmt war, so daß sie nun den Wunsch haben, die Kinder sollten es einmal besser haben als sie. Schließlich dürfen wir nicht vergessen, daß der relative Massenwohlstand, in dem wir leben, erst einige Jahrzehnte alt ist. Meine Vermutung geht jedoch eher dahin, daß die Nutznießerposition der Kinder aus der arbeitsteiligen Struktur der Mittelschichtfamilie selbst erwächst: Der Vater arbeitet und verdient das nötige Geld, die Mutter führt den Haushalt und läßt dort niemanden zum Zuge kommen, weil diese Aufgabe ein wesentlicher Teil ihrer Identität ist und weil die Arbeit dank der modernen Haushaltstechnologie nicht so umfangreich ist, als daß sie eine einzelne Arbeitskraft überfordern würde. Arbeitet die Mutter ebenfalls beruflich, dann wird allenfalls diskutiert, wie die Erwachsenen sich die Hausarbeit teilen sollen, aber die Kinder einzubeziehen, hätte man ein schlechtes Gewissen.

Hieran zeigt sich, daß nicht nur die Erstfamilie immer noch die gesellschaftliche Norm ist, sondern ganz besonders diejenige, in der weiterhin die traditionelle Rollenaufteilung (Vater arbeitet, Mutter bleibt zu Hause) gilt.

Wie wir im ersten Teil des Buches gesehen haben, ist gerade

auch die Zweitfamilie in dieser Versuchung, vor allem solange sie sich noch als Außenseiter fühlt und deshalb sich und anderen demonstrieren will, daß sie es besonders gut macht. Es gibt nicht nur eine materielle Verwöhnung, indem man den Kindern „alles vorne und hinten reinstopft", sondern auch eine soziale, indem man ihnen nichts abverlangt. Wer so handelt und sagt, er wolle damit den Kindern etwas Gutes tun, sollte sich nach seinen Motiven fragen. Wer andere verwöhnt, tut das letzten Endes immer für sich selbst. Übertriebene Verwöhnung ist eine subtile Form von Verachtung der Möglichkeiten, die der andere hat.

3. Die Familie beruht auf der Idee des Generationenvertrages. Dieser Gesichtspunkt hat nicht nur die jeweils in einer Familie Lebenden im Blick, sondern auch die vorausgegangenen und die nachfolgenden, noch gar nicht geborenen Generationen. Jede heranwachsende Generation hat ein moralisches Recht darauf, daß Erwachsene – in der Regel die Eltern – sich um sie kümmern, sie versorgen, ihr Lernmöglichkeiten verschaffen, so daß ihre Mitglieder als Herangewachsene eine ihren Fähigkeiten entsprechende und subjektiv befriedigende Position in der Gesellschaft einnehmen können. Aber dieses moralische Recht hat die Form eines „Kredits". Die immense Arbeit, die für das Aufwachsen von den zuständigen Erwachsenen investiert wird, sowie die damit verbundenen Verzichte haben, von den Erwachsenen her gesehen, die Bedeutung eines zurückzuzahlenden Kredits für das, was ihnen in ihrer Kindheit zuteil wurde. Für die jeweils heranwachsende Generation bedeutet das, daß sie diesen Kredit nur solange und insoweit in Anspruch nehmen darf, wie dies für den Abschluß einer Berufsausbildung erforderlich ist. Aus der Idee des Generationenvertrages erwachsen also für die Kinder auch Pflichten. Dazu gehört zum Beispiel, daß sie ihre eigenen Fähigkeiten so gut wie möglich entwickeln, um einerseits die Fürsorge durch ihre Eltern überflüssig zu machen und andererseits fähig zu werden, den als Kind erhaltenen Kredit wiederum an die nächste Generation weiterzugeben, und sei es nur in Form erhöhter Steuern. Die Idee des Generationenvertrages liegt übrigens auch unserer Rentenversicherung zugrunde. Die Renten werden nicht in erster Linie durch die Beiträge der Arbeitenden gesichert, sondern durch diejenigen, die Kinder aufziehen.

Die Idee des Generationenvertrages ist so alt wie die Menschheitsgeschichte. In vielen Entwicklungsländern kann man noch beobachten, daß Kinderreichtum als Segen verstanden wird. Kinder sind hier die einzige Altersversicherung, und bei uns war das früher genauso: Wer keine Kinder hatte, mußte im Alter oft in bitterer Armut leben. Erst die moderne Sozialgesetzgebung hat diesen unmittelbaren, persönlich orientierten Familienzusammenhang sozusagen in bloße Geldzahlungen verwandelt. Aber nach wie vor geht es darum, daß die Generationen einander helfen müssen, indem sie füreinander arbeiten.

Dies kann heute nicht mehr in jeder Familie isoliert geschehen, vielmehr muß der Staat das im Rahmen seiner Sozialpolitik für seine Bürger organisieren. Wird er seiner Verantwortung für eine gerechte Balance des Generationenvertrages gerecht?

Nicht wenige Experten bestreiten dies. Alfred Rollinger zum Beispiel, Vizepräsident des Sozialgerichts in Trier, nennt unser Rentensystem „eine gigantische Umverteilung zugunsten der Kinderlosen"* Kinderlose könnten sich eine höhere Rente erwerben und würden allgemein durch gesetzliche Bestimmungen bevorzugt. „Auf eine Kurzform gebracht, kann man sagen, daß wir heute zum ersten Mal in der Weltgeschichte Verhältnisse haben, die so gestellt sind, daß die Verweigerung von Kindern die Alterssicherung wesentlich verbessert, das Aufziehen von Kindern für die Alterssicherung in hohem Maße schädlich ist." Gegenüber einem doppelverdienenden Ehepaar entstehe einem Paar mit zwei Kindern im Laufe des Lebens ein Nachteil von fast 500 000 DM. Die Unterhaltsleistungen für Kinder würden zu etwa 87% von den Eltern allein getragen und nur zu etwa 13% von der Gemeinschaft der Eltern und der Kinderlosen. Wolle man Gerechtigkeit herstellen, so müßten zum Beispiel die Kinderlosen statt wie jetzt 18,5% etwa 30% ihres Verdienstes bei der Rentenversicherung einzahlen. Rollinger nennt unsere Zeit „Das Zeitalter der Ausbeutung der Eltern mit Kindern durch die Kinderlosen".

4. Durch die Idee des Generationenvertrages wird auch plausi-

---

* Alfred Rollinger: Eine gigantische Umverteilung zugunsten der Kinderlosen, in: Der Kinderarzt, H 3/1985, S. 299ff.

bel, daß wir Erwachsene den Kindern nicht nur aus individuellen Gründen eine möglichst gute Entfaltung ihrer Fähigkeiten schulden – „damit sie es einmal gut haben" –, sondern auch aus gesellschaftlicher Pflicht im Rahmen der sich ablösenden Generationenfolge. Was wir dazu tun können, habe ich schon im Kapitel „Was Kinder wirklich brauchen" beschrieben: die *soziale Zuverlässigkeit* einer Familie, *autonome Handlungsräume* (auch für die Mitarbeit innerhalb der Familie), *Grenzsetzungen, Zuwendung, Aufmerksamkeit und Teilnahme, Aufgaben*, an denen das Kind seine Fähigkeiten entfalten kann, *Respekt* vor seinen Gefühlen und überhaupt vor seiner Persönlichkeit und *authentische Erwachsene* „zum Anfassen". Dies alles kann man pädagogisch planen ohne die vorhin abgelehnte Pädagogisierung, also ohne daß man den authentischen Umgang mit den Kindern aufgeben müßte und ohne daß man sie anders haben will, als sie jeweils sind. Pädagogisch planen heißt hier nämlich nichts anderes, als dem Kind Möglichkeiten anzubieten, die es nutzen kann, die es aber aufgrund der Idee des Generationenvertrages auch wenigstens bis zu einem gewissen Grade nutzen *muß*.

Nimmt man solche überindividuellen Prinzipien für den Sinn des Familienlebens und des Aufwachsens von Kindern ernst, dann wird sofort die Grenze jener erwähnten Psychologisierung der Beziehungsebene deutlich, und so manches sich daran anschließende pädagogische Gerede bricht in sich zusammen. Ein Kind, das z. B. faul ist, also die Aufgabe, seine Fähigkeiten zu entfalten, nicht wahrnimmt, bricht den Generationenvertrag und verliert damit zumindest moralisch seinen Anspruch auf Kredit. *So* muß dies auch mit ihm diskutiert werden. Es steht ihm nicht einfach frei, „Bock zu haben" oder nicht. Die Erfahrung lehrt übrigens, daß Kinder, die Verantwortung im Rahmen der Familie übernehmen müssen, selten auf eine solche Idee kommen, so etwas ist meistens „unter ihrer Würde".

Andererseits haben die Kinder auch das Recht, zu bestimmen, in welcher Weise, d. h. mit welcher beruflichen Qualifikation sie ihre Verpflichtungen zu erfüllen gedenken. Wenn sie z. B. eine Lehre dem Abitur vorziehen, muß man das respektieren.

5. Kinder leben in einer Familie, um sie zu verlassen. Mit jedem

Tag emanzipiert sich das Kind ein Stück von seiner Familie, wird sein autonomer Handlungsraum größer, werden die gesetzten Grenzen weiter. Um es paradox auszudrücken: Die Familie muß ihre eigene Auflösung betreiben, am Schluß bleibt nur noch die Partnerschaft der Eltern übrig. Diese Tatsache wird von vielen Eltern verdrängt und verleugnet, und es gibt ganze Bibliotheken psychologischer Literatur über die bei dieser Ablösung auftretenden bewußten und unbewußten Konflikte, über das damit verbundene schlechte Gewissen usw. Je mehr solche Literatur man liest, um so mehr neigt man dazu, diese Konflikte für unabänderlich, sozusagen für eine naturwüchsige Tatsache zu halten. In Wahrheit zeigt sich in solchen inneren Konflikten nur, daß die Erwachsenen vorher den Sinn der Familie für das Aufwachsen der Kinder nicht verstanden, daß sie doch irgendwie die Kinder als ihr emotionales Eigentum betrachtet haben, das sie nun nicht hergeben wollen.

Der Auszug des Kindes aus der Familie beginnt jedoch nicht erst, wenn es volljährig geworden ist, sondern schon mit dem Schulbeginn. Er ist so etwas wie der Eintritt des Kindes in das öffentliche Leben. Danach werden auch die Freunde, die Gleichaltrigen immer wichtiger; das Kind zieht immer größere Teile seiner Emotionalität von den Eltern ab und wendet sie den Gleichaltrigen zu, die in mancher Hinsicht dann auch die Vertrauten werden, mit denen es seine Probleme bespricht. Je größer der autonome Handlungsraum wird, um so mehr entfernt sich das Kind von seiner Familie. Deshalb neigen ja viele Eltern – vor allem wohl immer noch viele Mütter – dazu, diesen Spielraum möglichst klein, ihre Kinder unselbständig und von sich abhängig zu halten.

Diese fünf Prinzipien des Familienlebens konstituieren die eigentümliche Sozialität Familie als Lernfeld – übrigens nicht nur für die Kinder, die hier besonders im Blickpunkt stehen, sondern auch für die Erwachsenen. Diese Prinzipien sind überindividuell, d. h. sie erwachsen nicht aus den Meinungen und Absichten der einzelnen Familienmitglieder. Werden sie im Leben und Handeln der Familie nicht beachtet, dann verliert sie ihren Sinn und ist pädagogisch bedenklich, weil die Gefahr besteht, daß die Kinder nicht das lernen, was sie in der Familie lernen sollten. Diese fünf Prinzipien sind gleichsam die strategischen Grundregeln für den Umgang mit den Kindern und sollten ihnen auch als Begründung für das eigene Handeln erklärt werden. Sie legitimieren und begrenzen zugleich die *Macht* der Eltern über ihre Kinder. Daß Eltern ihre Kinder zu etwas zwingen können, versucht der pädagogische Zeitgeist am liebsten zu verdrängen. Es müsse doch auch anders gehen, durch Gespräche und den Versuch, Einsicht zu wecken. Das ist sicher richtig und wünschenswert, aber jede Sozialität braucht letzten Endes Macht, damit ihre Regeln zur Not auch durchgesetzt bzw. aufrechterhalten werden können. Es gibt keine machtlosen sozialen Verhältnisse. Wo die Eltern ihre Macht preisgeben, nistet sich eine andere ein, z. B. die der Kinder oder Außenstehender. Außerdem braucht das Kind Grenzkämpfe um seinen Autonomieraum, sonst kann es nicht selbständig, selbstbewußt und verantwortungsfreudig werden. Die Frage ist nur, wann die Macht der Eltern willkürlich eingesetzt wird und wann dazu, die Prinzipien des Familienlebens zur Geltung zu bringen. Für eine klare Abgrenzung gibt es kein Patentrezept, aber gewiß herrscht Willkür vor, wenn die Eltern lediglich ihre persönlichen Überzeugungen oder Wünsche durchsetzen wollen. Deshalb ist es eine nützliche Faustregel, die eben beschriebenen Prinzipien der Sozialität Familie zum Maßstab zu machen und von daher auch das Handeln zu begründen.

2. Die Familie und ihre Miterzieher

Unter unseren gegenwärtigen kulturellen Bedingungen kann die Familie den Kindern nur etwa bis zum Schuleintritt eine „pädagogische Provinz" verschaffen, d. h. einen Lebensraum, der weitgehend nach außen hin abgeschlossen ist und dessen Einflüsse die Eltern bestimmen können. Selbst das Fernsehen ist in diesem Alter noch kein Konkurrent, weil die Eltern dessen Benutzung kontrollieren können (und auch sollen!), zumal der Druck der Gleichaltrigen noch weitgehend fehlt. Auch der Kindergarten ist im allgemeinen noch keine Alternative, weil er – anders als die Schule – familienkonform arbeitet und familienergänzende Lernangebote z. B. im Umgang mit anderen Kindern und vor allem mit spielerischen Anreizen macht. Die Anfang der 70er Jahre inszenierten Experimente mit der Vorschule, die im Grunde die Schule vorwegnehmen wollte, sind inzwischen wohl auf ein vernünftiges Maß zurückgeschraubt worden.

Mit dem Schuleintritt wird das allmählich anders. Die gleichaltrigen Freunde bekommen zunehmend Einfluß auf die Meinungen, Einstellungen, Kaufwünsche, Fernsehwünsche usw. Es reicht nicht aus, in den Gleichaltrigen nur die Freunde zu sehen. Freundschaft als sozial einigermaßen verbindliche wechselseitige Beziehung kann man gleichzeitig nur zu wenigen Partnern haben, und bei Kindern wechseln sie je nach Altersstufe und der damit verbundenen persönlichen Weiterentwicklung. Diese Freunde sind in der Regel von den Eltern anerkannt und dann auch in der Wohnung willkommen. Sie sind die ersten Vertrauten außerhalb der Familie. Aber diese besondere Beziehung zu den der Familie bekannten Freunden steht in dem größeren Kontext der Gruppe von Gleichaltrigen, für die z. B. die Diskothek ein beliebter Treffpunkt ist.

Die Gleichaltrigen werden zu einem wichtigen Erfahrungsfeld, zu einem Lernfeld, wie es in anderer Weise die Familie auch ist. Hier lernt das Kind nicht, *feste* Bindungen einzugehen, sondern *wechselnde* Beziehungen aufzunehmen, sich selbst dabei zu präsentieren und durchzusetzen, aber auch Kompromisse zwischen verschiedenen Interessen zu schließen, seine Ansichten zu den die Gruppe interessierenden Fragen geltend zu machen, Regeln auszuhandeln, nach denen ein gemeinsames Interesse – z. B. ein Spiel – ablaufen soll. Es lernt eine gewisse Kontraktfähigkeit, also Absprachen im Sinne eines Vertrages zu treffen, und den Umgang mit dem anderen Geschlecht. Vergleicht man diese Erfahrungen mit denen, die in der Familie möglich sind, so stellt man schnell fest, daß es sich hier um eine wichtige Ergänzung handelt, die so in der Familie nicht möglich ist. Die Grenzen des Lernortes Familie werden deutlich.

Für die Kinder ist die Anerkennung in solchen Gruppen sehr wichtig. Ihre Kleidung wie überhaupt ihre öffentlichen Konsumgewohnheiten müssen in diesen Gruppen „in" sein, sonst kann es zu häuslichen „Tragödien" kommen. Einerseits sind diese Gruppen also wichtig für neue Erfahrungen, die in der Familie nicht möglich sind und die insofern das Selbstbewußtsein stärken können. Andererseits vergesellschaften solche Gruppen das Kind, d. h. sie fördern das Eingehen wechselnder sozialer Beziehungen als Selbstzweck, nicht weil man dabei ständig eine gemeinsame Sache verfolgen wollte (z. B. Sport treiben), sondern eher im Sinne eines Konsums von menschlichen Beziehungen. Die Maßstäbe dafür werden vor allem von den Massenmedien propagiert. Je älter das Kind wird, um so mehr durchbrechen die Gleichaltrigen das Interpretationsmonopol der Familie. Sie deuten die Erfahrungen ihrer Mitglieder in Schule, Freizeit, Beruf usw. auf eigene Weise und in der Regel wohl abweichend von den Deutungen innerhalb der eigenen Familie. Bleiben die Eltern offen für solche Erfahrungen ihrer Kinder und bieten sie sich als Gesprächspartner dafür an, dann besteht die Chance, daß die von den Gleichaltrigen vermittelten Weltbilder zuhause wieder einer sachlichen Diskussion unterzogen, also „aufgeklärt" werden können.

Einerseits sind die Gleichaltrigengruppen also wichtig für das Aufwachen der Kinder. Die Eltern können nicht einfach den Umgang mit ihnen verbieten, weil sie eine Bewährungssituation darstellen. Andererseits können von den Gleichaltrigen auch Gefahren ausgehen: Solche Gruppen sind – wie andere Gruppen auch –

borniert, d. h. sie ermöglichen zwar bestimmte wichtige Erfahrungen, begrenzen sie aber auch. Was nicht „in" ist, hat keine Chance. Bestimmte für die Entwicklung der kindlichen Fähigkeiten vielleicht wichtige Interessen (z. B. an Musik oder Sport) können dort nicht zum Zuge kommen, und um seinen Platz in der Gruppe nicht zu verlieren, verzichtet das Kind darauf, weil das doch alles „echt bescheuert" ist. Diese Gruppen können gelegentlich einen solchen Druck entfalten, daß sie z. B. gute Schüler als „Streber" definieren und versuchen, sie auf das allgemeine Mittelmaß zu bringen.

Kindern geht es in dieser Frage nicht anders als Erwachsenen: Man kann sich auf die Dauer nur für das interessieren, was sich auch sozial umsetzen läßt in dem Umkreis, in dem man lebt. Man braucht zumindest jemanden, mit dem man darüber reden kann. Deshalb ist es so wichtig, daß die Eltern sich für *alles* interessieren, worüber die Kinder gerne sprechen wollen, denn da findet das Kind bei den Gleichaltrigen seine Grenze. Das ist auch nicht weiter verwunderlich, weil einmal die Gleichaltrigen überfordert wären, sozusagen als sozialer Umschlagplatz für besondere kulturelle Interessen und Bedürfnisse zu dienen. Zum anderen bedarf die Gruppe, um einen wenigstens minimalen Zusammenhalt zu bekommen, einer Auswahl der interessierenden Dinge, und diese müssen, wenn niemand von vornherein ausgeschlossen werden soll, auf einem relativ niedrigen Level liegen. Dieser wird von den Massenmedien in Gestalt der von den Jugendlichen akzeptierten Unterhaltungsmusik geliefert.

Diese Gefahr der Unterdrückung wichtiger Interessen ist immer gegeben, weil sie ja in der Gruppenstruktur selbst verankert ist. Eine zweite Gefahr ist seltener, dann aber viel größer. Über die Gleichaltrigen können Kinder und Jugendliche auch an abweichende Subkulturen herangeführt werden, z. B. an die Drogenszene, an Alkoholismus oder an politischen Extremismus.

Die Jugendgefährdung erfolgt heute durch die Jugendlichen selbst, die erwachsenen finanziellen Nutznießer stehen unerkannt im Hintergrund. Mit Drogen z. B. machen Jugendliche zunächst einmal zufällige Erfahrungen: Sie tauchen in einer Gruppe auf, und wer nicht als Feigling erscheinen will, muß erst einmal mitmachen. Man kann fast sagen: Je mehr Gleichaltrige jemand kennenlernt und je häufiger die Kontakte sind, um so größer wird die Wahrscheinlichkeit, daß er mit Drogen in Berührung kommt.

Dabei ist zu bedenken, daß vor allem in den großen Städten die soziale Kontrolle der Gleichaltrigenszene im Vergleich zu früher sehr viel geringer geworden ist. Die großen Treffpunkte wie Diskotheken oder auch große Freizeitheime sind von den Erwachsenen nur schwer noch zu kontrollieren und es hat auch kaum mehr jemand ein Interesse daran. Die Generationen ignorieren sich in der Öffentlichkeit, und es gibt nur noch wenig, was als öffentliches Ärgernis bemängelt würde. Die Erwachsenen sind dafür jedenfalls keine Maßstäbe mehr, nur offensichtliche Gewalt provoziert noch, aber „dafür ist schließlich die Polizei zuständig".

Welche Chancen haben die Eltern, hier einzugreifen bzw. vorzubeugen? Erzieherische Machtworte – erhöhte Freizeitkontrolle, Verbot des Umgangs mit bestimmten Personen – hätten in der Regel nur kurzfristige, aufschiebende Erfolge; zudem würde das Verbot des Umgangs mit bestimmten Personen wenig bringen, weil sie, wie wir gesehen haben, prinzipiell austauschbar sind, da es ja um die Selbstinszenierung in einer Gruppe geht. Wichtiger wäre, daß die Familie offen bleibt als Interpretationsort für die Erfahrungen, die die Kinder außerhalb machen. Eine weitere Faustregel ist es, die Kinder zu sachorientierten Freizeittätigkeiten zu ermuntern (Sport, Musik, Computer usw.), damit sie Partner für diese gemeinsame Sache finden. Das wäre auch im Sinne der mehrfach erwähnten Maxime, daß die Kinder ihre Fähigkeiten möglichst vielseitig entfalten sollen, damit sie herausfinden können, welche sie zu ihrem Beruf machen wollen und welche sie für befriedigende Freizeittätigkeiten entwickeln wollen; denn was bei Kindern heute als bloßes Hobby erscheint, kann morgen zu ihrem Beruf werden.

Das Interesse an einer Sache zwingt zur Disziplinierung, und vor allem füllt es die Zeit. Gefährdet sind besonders solche Gruppen, die sich im Grunde langweilen und deren Mitglieder sich nur selbst zum Thema machen können.

Andere Miterzieher neben der Gleichaltrigengruppe sind das Fernsehen und die anderen Massenmedien. Ihnen gegenüber war das Verhalten der Pädagogen immer schon prekär. Sie haben sich über die Jahrzehnte zu einem eigenständigen, neben dem offiziellen Schulwesen etablierten „Bildungssystem" mit einer eigentümlichen Mischung aus Unterhaltung und Information entwickelt. In der Charakterisierung des Fernsehens als „geheimer Miterzieher" steckt ein Ressentiment der pädagogisch Verantwortlichen. Von allen Massenmedien hat es nämlich am konsequentesten das Informationsmonopol der Lehrer, der Pfarrer und anderer Wortführer in den lokalen Milieus gebrochen, also in diesem Sinne Wissen und Unterhaltung demokratisiert. Selbst die Schule muß sich der Konkurrenz der Fernsehinformation stellen: Einseitiger politischer Unterricht, sofern es ihn an unseren Schulen noch gibt, läuft z. B. ins Leere, weil jede Tagesschau auch andere politische Meinungen präsentiert.

Gerade bei der Nutzung des Fernsehen gibt es eine weitverbreitete doppelte Moral. In Umfragen betonen viele, daß es „erziehungsschädlich" sei, aber in ihrem eigenen Leben richten sie sich keineswegs danach.

Wenn wir beim Fernsehen als ausgeprägtester Form der Massenkommunikation bleiben, so ist seine wichtigste pädagogische Bedeutung die, daß es das Interpretationsmonopol der Eltern für die Erfahrungen ihrer Kinder auf die Dauer bricht. Was sie zu wichtigen Lebensfragen meinen und ihren Kindern sagen, wird durch das Fernsehen – wie wir es (noch) haben – zwar nicht grundsätzlich in Frage gestellt, weil es keine eigenständige Weltanschauung verbreitet, wenn man das *gesamte* Programm im Auge hat. Da unser öffentlich-rechtliches System dem Grundsatz der politischen und weltanschaulichen Ausgewogenheit verpflichtet ist, muß es auch den politischen und weltanschaulichen *Pluralismus* widerspiegeln. Das bedeutet konkret, daß das Fernsehen immer auch andere Interpretationen wichtiger Lebensfragen ins Haus liefert, als sie die Eltern von ihrem Standpunkt aus den Kindern übermitteln. Und genau dies gilt vielfach als das pädagogische Ärgernis, weil die Eltern so dem Kind keinen zubereiteten Erfahrungsraum mehr ermöglichen können, dessen Einflüsse sie im Interesse einer guten Entwicklung der Kinder im Griff hätten.

Das wird besonders deutlich bei Filmen oder Fernsehspielen, die Menschen in allen möglichen Lebenslagen zeigen, deren Verhalten moralisch in hohem Maße pluralistisch ist, die also keine einheitlichen moralischen Prinzipien mehr vertreten und verbreiten.

Wie also sollen die Eltern sich dieser Interpretationskonkurrenz gegenüber verhalten?

Zunächst einmal ist das Fernsehen ein kultureller Vermittler wie auf andere Weise das Kino, das Theater oder der Konzertsaal. Die große Versuchung besteht im Vergleich zu diesen anderen Vermittlern in der leichten Zugänglichkeit: Man muß sich nicht umziehen, keinen weiten Weg zurücklegen, sondern nur einen Knopf drükken. Dennoch kann man den Mißbrauch dieses kulturellen Vermittlers nicht ihm selbst anlasten, sondern eben nur dem, der ihn nicht vernünftig nutzt.

Im allgemeinen haben jüngere Kinder nur Interesse an Sendungen, die auch für sie gemacht sind (z. B. „Sesam-Straße"). Sie genießen es als Familienritual, wenn sie sie gemeinsam mit den Eltern sehen können. Fernsehen wird so zu einer *gemeinsamen* kulturellen Tätigkeit, und die Kinder können über das sprechen, was sie gesehen haben. Auch wenn sie älter werden, haben sie jeweils ihre Lieblingssendungen, z. B. Tiergeschichten. Allmählich sehen sie dann abends das, was die Eltern auch sehen, überwiegend Unterhaltendes. Sie nehmen also teil an den kulturellen Interessen und am Geschmack der Eltern. Diese können bis zu einem gewissen Grade Rücksicht auf die Kinder nehmen, insofern sie auch informative Sendungen wählen, die für das Kind bildend sein können. Fast jeden Abend gibt es mindestens eine Sendung, die sich als Ergänzung zum schulischen Lernen sehen ließe. Fernsehen *kann* in der Tat sehr bildend sein.

Nun wissen wir aber aus allen Untersuchungen, daß überwiegend die unterhaltenden und weniger die informativen Sendungen gewählt werden, und man kann von den Eltern nicht erwarten, daß sie ihr eigenes Unterhaltungsbedürfnis nun vollends pädagogisieren.

Gerade die unterhaltenden Sendungen – Serien, Fernsehspiele, Filme – bringen aber moralischen Pluralismus ins Haus, d. h. deren Helden verhalten sich keineswegs unbedingt so, wie die Eltern es selbst für richtig halten und es ihren Kindern nahezubringen versuchen. Aber im allgemeinen können ältere Kinder dies auseinanderhalten, wenn die Eltern ihren moralischen Standpunkt in wichtigen Lebensfragen zumindest gelegentlich klarstellen.

Abgesehen davon stellt sich die Frage, welche Alternativen zum Fernsehkonsum den Kindern zur Verfügung stehen. Normalerweise sind sie daran interessiert, gemeinsam mit anderen Kindern etwas zu machen, und ein „vielsehendes“ Kind hat entweder Kontaktschwierigkeiten oder es ist zu sehr auf die Familie fixiert, oder es ist – z. B. nach einer Trennung – zu ängstlich, um die familiäre Umgebung mehr als unbedingt nötig zu verlassen. In solchen Fällen ist der Fernsehkonsum nicht das Problem, sondern nur ein Symptom für andere Probleme. Das Fernsehen hat hier die Funktion einer Kompensation, eines Ausgleichs bzw. einer Ersatzlösung.

Alles in allem jedoch wird die angebliche Schädlichkeit des Fernsehkonsums in Pädagogenkreisen viel zu hochgespielt, vor allem aus Eifersucht gegenüber diesem Medium und um eine „pädagogische Aufgabe“ daraus zu konstruieren. (Je mehr „pädagogische Probleme“ glaubhaft gemacht werden können, um so wichtiger werden eben auch die Pädagogen.) Selbst wenn ein Kind sich einmal einsam und unverstanden fühlt, ist es immer noch besser, es kompensiert dies mit einem „Fernsehtag“ als mit Alkohol oder Drogen. Jedenfalls ist es dann zu Hause und immerhin für die Eltern ansprechbar. Angesichts der pädagogischen Fehleinschätzung geht die andere Einsicht verloren, daß aufs Ganze gesehen gerade das Fernsehen im Laufe der Zeit das Informationsniveau und das kulturelle Niveau in den Familien erheblich angehoben hat. Jedenfalls bringt selbst die „Schwarzwaldklinik“ eine Menge Stoff, über den sich mit den Kindern reden ließe.

Das pädagogische Grundproblem allerdings bleibt die schon erwähnte Interpretationskonkurrenz des Fernsehens gegenüber dem Elternhaus. Sie geht so weit, daß das Fernsehen eigentlich die überlieferten Grenzen zwischen Kindern und Erwachsenen einreißt, denn es macht mit allen menschlichen Schwächen der Erwachsenen vertraut – vom Krieg über die Folter bis zum optisch mehr oder weniger eindruckvoll servierten Ehebruch. Dieser Einbruch – teils der wirklichen Erwachsenenwelt in Form informativer, teils einer Fiktion davon in Form unterhaltender Sendungen – in die Kinderstube ist nicht mehr rückgängig zu machen, schon gar nicht durch erzieherische Gebote und Verbote. Für die Kinder ist es eine Chance, eher als früher mehr oder weniger ungeschminkt Einblicke in die Erwachsenenwelt zu erhalten, aber es ist nur dann eine Chance, wenn sich die Eltern dem mit ihren eigenen Erfahrungen und Lebensdeutungen auch stellen.

Das ist deshalb oft nicht leicht, weil die Massenmedien – insbesondere auch das Fernsehen – nicht nur die Kinder, sondern auch die Eltern verunsichern. Was sie selbst im Umgang mit ihren Kindern für richtig halten, wird durch die pädagogischen Meinungen, die das Fernsehen verbreitet, relativiert. Solche Meinungen spiegeln aber oft nur Moden wider, die nach einiger Zeit durch andere abgelöst werden. Was auf den ersten Blick als pädagogisch modern erscheint, ist in Wahrheit nur Teil eines geistigen ,,Marktkampfes" in den Massenmedien: Bestimmte Personen und ihre Meinungen gewinnen eine Weile die Oberhand, um dann von anderen verdrängt zu werden. So werden manche Eltern verunsichert und standpunktlos. Natürlich kann und soll man Standpunkte auch ändern, wenn neue Erfahrungen dies nahelegen, aber ihre jeweilige Einstellung müssen die Erwachsenen auch deutlich machen, sonst können die Kinder im Umgang mit den Eltern keine Interpretationen ihres Denkens und Verhaltens lernen.

Vielleicht problematischer als unser noch nicht kommerzialisiertes Fernsehen sind andere Produkte der Massenkommunikation, z. B. Teenagerzeitschriften wie ,,Bravo". Sie füttern gleichsam die Gleichaltrigengruppen der frühen Pubertät vor allem mit zwei Inhalten: mit Star-Idolen und mit Sex. Die Idole sind dabei die harmlosere Seite. Sie fungieren in diesem Alter als Identitätskrükken, d. h. sie helfen die schwierigen Jahre der Pubertät, in denen man sich mit den Eltern nur teilweise noch identifizieren kann und andere, erwachsenenorientierte Vorbilder fehlen, zu überbrücken: Man wird Fan irgendeines Stars – meist für ein bis zwei Jahre, dann wird der Star gewechselt, weil der alte nun nur noch ,,Kinderkram" ist –, und der gibt mit seiner Musik auch noch eine Sache ab, mit der man sich befassen und über die man mit den Gleichaltrigen reden kann. Dabei ist sachliche Gründlichkeit kaum angestrebt, es geht eher um gefühlsmäßige Identifikationen, die Erwachsene in der Regel gar nicht mitvollziehen können – und zwar gerade dann nicht, wenn sie diese Musik durchaus interessant finden. Zustimmung und Ablehnung durch die Teenager erfolgen nicht im Stile einer rationalen Argumentation wie unter Musikkritikern, sondern im Sinne von unreflektierten Äußerungen wie „echt gut" oder „echt ätzend", wobei sich die Wortwahl immer wieder ändert. Nachdenken würde dem Bedürfnis nach Identifikation im Wege stehen, die Bhagwan-Jünger haben schließlich auch keine wissenschaftliche Theologie verfaßt. Die Stars sind meistens jung – oder erscheinen so – und scheinen in ihrer Person Erfolg, Anerkennung, gelungenes Erwachsensein *und* die Rebellion dagegen zu repräsentieren. Von Identitäts*krücken* kann man deshalb sprechen, weil diese Stars keine endgültige Identifikation bewirken, sondern nur eine vorübergehende, und spätestens mit 19 oder 20 ist das vorüber.

Nun kann man sich in der Familie zwar die mit solcher Identifikation verbundene Lautstärke verbitten (schließlich gibt es Kopfhörer), und man kann über den Popstar und seine Musik reden, aber den Vorgang selbst sollte man eher mit einer Mischung von Humor und Respekt quittieren, weil wegen der emotionalen Bedeutung dieses Engagements die Einmischung der Eltern sonst kränkend wirken kann. Es ist für viele, wenn nicht für die meisten Jugendlichen schwierig geworden, über die Jahre der Pubertät hinwegzukommen, weil die großen Zukunftsperspektiven fehlen, weil die berufliche Aussicht düster ist usw.

Aber das sind eher äußere, wenn auch schwierige Bedingungen. Das Ziel der Kindheits- und Jugendentwicklung ist ja, erwachsen zu werden, einmal fähig zu sein, sein Leben selbst zu verantworten, selbst dafür zu arbeiten und Verantwortung für sich und andere zu übernehmen. Das setzt voraus, daß man in diesem Prozeß des Heranwachsens seine Identität findet. Man muß sich also die Fragen beantworten können: Wer bin ich? Was kann ich? Wozu bin ich da? Das ist nur möglich, wenn man sich auch die abgrenzenden Fragen beantworten kann, die einen von anderen unterscheiden: Wer bin ich *nicht*? Was kann ich *nicht*? Wozu bin ich *nicht* da?

Nun war dieses Problem auch früheren Generationen nicht unbekannt, aber sie konnten sich eher mit einer Sozialität identifizieren: Ich bin ein junger Arbeiter und will deshalb Facharbeiter werden. Oder: Ich bin Katholik und will deshalb mein Leben nach den Normen meiner Kirche führen. Oder: Ich bin Sozialist, Bildungsbürger usw. Durch die Zugehörigkeit zu einem solchen kulturellen Milieu gab es für die Identitätssuche wichtige Vorgaben, die nicht in Zweifel gezogen werden mußten. Die Bedeutung derartiger Milieus ist erheblich geschwunden, die Jugendlichen sind viel stärker auf ihre Individualität zurückgeworfen, sie müssen selbst über die Perspektiven ihres Lebens entscheiden, auch darüber, welchen beruflichen Status sie erwerben und wieviel Lernarbeit sie dafür investieren wollen. Dank der Bildungsreform kann heute jeder den Bildungsgang wählen, den er wünscht, aber er muß neben dieser Chance auch seine Grenzen akzeptieren, und er kann dafür niemand anderen mehr als sich selbst verantwortlich machen.

Diese radikale Individualisierung des Identitätsproblems ist historisch gesehen neu und macht das Erwachsenwerden für viele junge Menschen besonders schwierig. Deshalb sollte man vorübergehende Identitätskrücken, wie sie die Teenagerzeitschriften, aber auch Funk und Fernsehen anbieten, nicht unnötig attackieren. Auch die Gleichaltrigengruppen vermitteln in diesem Punkte eine wichtige Form der Geborgenheit.

Der zweite Hauptinhalt der kommerziellen Teenagerzeitschriften ist Sex, genaugenommen die mehr oder weniger unverhohlene Animation dazu. Nun kann man darüber streiten, wie alt Jugendliche für ihre ersten sexuellen Kontakte sein sollten, aber problematisch ist auf jeden Fall der durch solche Zeitschriften in den Gleichaltrigengruppen verstärkte Gruppendruck in dieser Richtung.

Wir sehen also, daß die Massenmedien und die Gleichaltrigengruppen konkurrierende Miterzieher der Familie sind. Der Ausdruck Erzieher ist dabei strenggenommen falsch, denn zum Begriff Erziehen gehört immer die *persönliche* Einwirkung auf Kinder – wie in der Familie – und damit die persönliche Verantwortung dafür. Die Gleichaltrigen als Gruppe und die Massenmedien jedoch bleiben anonym, übernehmen für die Wirkungen, die sie verursachen, keine persönliche Verantwortung. Deshalb sind sie Sozialisationsinstanzen. Sie können von den Eltern kaum beeinflußt werden, und deshalb können die Eltern auch keine Verantwortung dafür übernehmen. Sie können mit wachsendem Alter der Kinder nur versuchen, als Interpreten „am Ball zu bleiben". Dies ist aktiv gemeint, nicht passiv, also nicht in dem Sinne, daß man zu Hause wartet, bis die Kinder ein Problem vortragen. Die pädagogische Forderung nach Zuwendung, Aufmerksamkeit und Teilnahme muß sich äußern durch ein regelmäßiges Interesse an dem, was die Kinder tun und denken und durch eine sachbezogene Auseinandersetzung damit, die zugleich persönlich zugewandt bleibt. Also nicht: „Du bist dumm, schlecht usw., weil Du Dich für so etwas interessierst!", sondern: „Warum willst Du das machen, was interessiert Dich daran, was kann dabei herauskommen, wozu ist das gut usw.?" Sinn solcher Einlassungen und Auseinandersetzungen ist nicht in erster Linie, daß die Eltern in der Sache Recht haben und nun ihre Meinung bzw. ihren Willen durchsetzen wollen. Es ist zunächst einmal offen, wer Recht hat, das muß sich immer erst als Ergebnis solcher Auseinandersetzungen herausstellen, wobei die Eltern übrigens selbst einiges lernen können und von Fall zu Fall ihre Ansicht ändern müssen.

Der Gesichtspunkt wird viel zu wenig beachtet, daß auch die Eltern Wichtiges lernen, wenn sie sich auf das einlassen, was die Kinder interessiert. Über die Erfahrungen, die die Kinder machen, kommen eigentümliche „Weltdeutungen" ins Haus. Die Eltern erhalten auf diese Weise nicht nur Einblick in das, was ihre Kinder denken, sondern was überhaupt junge Leute denken und fühlen. Daß ihr Interpretationsmonopol gebrochen ist, ist für die Eltern selbst auch eine große Chance, sich mit anderen Erfahrungen und Lebensdeutungen auseinanderzusetzen. Der Austausch zwischen den Generationen kann nirgendwo so authentisch erfolgen wie im Vertrauensklima der Familie. Die Eltern sollten deshalb auch deutlich machen, daß ihnen an einem solchen sachorientierten Erfahrungsaustausch persönlich sehr viel liegt, daß ihre Fragen *so* gemeint sind und nicht im Sinne des pädagogisch motivierten Ausfragens. Früher hatten die Eltern die Macht, ihre Interpretationen durchzusetzen; das hatte u. a. zur Folge, daß sie von den Kindern kaum etwas lernten und deshalb in ihrer geistigen Entwicklung früh steckenblieben. Heute haben die Eltern diese Macht verloren, ihr Einfluß beruht fast nur noch auf ihrer persönlichen Glaubwürdigkeit, aber dafür können sie viel mehr von ihren Kindern lernen als früher.

Was die angedeuteten Gefährdungen angeht, die insbesondere von den Gleichaltrigen ausgehen, so herrscht heute in der öffentlichen Meinung die Erklärung vor, die Jugendlichen hätten „Probleme" (mit ihren Eltern, mit der Schule usw.) und seien deshalb gefährdet. Das trifft sicher in manchen Fällen zu, vor allem dort, wo junge Menschen über längere Zeit arbeitslos sind bzw. keine Ausbildung bekommen können oder wo aus irgendeinem Grunde persönliche Trauer herrscht. In unserer Wohlstandsgesellschaft aber wird auch der umgekehrte Fall immer häufiger: Die Jugendlichen – insbesondere aus den Mittelschichten – haben keine erkennbaren Probleme, sie geraten aus Zufall bzw. aus Langeweile in eine Situation (z. B. Drogengenuß), und dann fangen die Probleme erst an (mit der Familie, mit der Schule usw.). Gefährdet sind unter diesem Aspekt insbesondere diejenigen, von denen nichts verlangt wird – weder in der Familie, noch in der Schule –, die als bloße Nutznießer aufwachsen dürfen (oder besser: müssen), die weder für sich noch für andere zur Verantwortung gezogen werden, denen man also keine Probleme macht, die sich dann selbst welche machen, weil kein Mensch ohne Probleme – ohne Bewältigung von Schwierigkeiten und Aufgaben – leben und Identität gewinnen, also ein selbstbewußter Erwachsener werden kann.

Die Gleichaltrigengruppen und die Massenmedien sind Teilkomplexe des Freizeit- und Konsumsystems unserer Gesellschaft, das an den Gesetzen des Marktes orientiert ist. Der Markt aber richtet sich nicht nach pädagogischen Maximen (was ist gut für die Entwicklung von Kindern?), sondern nach ökonomischen (wie kann ich was an Kinder oder auf dem Weg über die Kinder möglichst gut verkaufen?). In der historischen Entwicklung läßt sich zeigen, daß in dem Maße, wie der Markt sich im Freizeitleben auch der Kinder und Jugendlichen durchsetzte, die Wirksamkeit der alten Erziehungsmächte (Familie, Schule, Kirche) zurückging.

Jede pädagogische Maßnahme außerhalb der Pflichtschule muß gleichsam auf den Markt gehen, sich dort unter die Anbieter mischen. Für jede denkbare Freizeittätigkeit gibt es eine Reihe von Alternativen: Statt in ein pädagogisch geführtes Jugendfreizeitheim kann der Jugendliche z. B. in eine kommerziell geführte Diskothek gehen. Weil das so ist, versucht das Freizeitheim mit seinen Angeboten zu werben. Die Erfahrung des ständigen Umworbenseins machen schon Kinder in ihrer Freizeit, insofern sie Kunden sind und etwas kaufen wollen. Jeder Teenagerladen behandelt seine Kinderkunden wie Erwachsene.

Derartige Freizeiterfahrungen enthalten wichtige Lernchancen für das Kind:

1. Es muß lernen, daß die (Kauf-)Wünsche immer größer sind, als man Geld hat, sie sich zu erfüllen, daß es also nötig ist, Entscheidungen zu treffen, seinen Wünschen eine Rangfolge zu geben.

2. Das Kind muß lernen, daß die Zeit nicht vermehrbar ist, daß man also auch seinen Freizeittätigkeiten eine Rangfolge geben muß. Was man alles tun könnte, übersteigt bei weitem die vorhandene Freizeit.

Den Chancen, in der Verwendung von Zeit und Geld souverän zu werden und schon früh dafür Verantwortung zu übernehmen, stehen aber auch Gefahren gegenüber:

1. Die Wahlsituation im Hinblick auf Zeit und Geld verführt dazu, oberflächlich zu werden, immer wieder etwas anderes zu wählen, wenn eine gewisse Anstrengung erforderlich wäre. Seine Fähigkeiten und Begabungen zu entwickeln bedarf aber immer eigener Anstrengungen, und die kann man nicht kaufen, sondern nur die dafür nötigen Voraussetzungen und Mittel (z. B. ein Klavier oder die Klavierstunden). Überhaupt muß das Kind unterscheiden lernen – was auch uns Erwachsenen oft noch schwerfällt – zwischen dem, was man kaufen kann und dem, was man prinzipiell *nicht* kaufen kann. Trotz der Werbeversprechungen der Kosmetikindustrie kann man z. B. glückliche menschliche Beziehungen nicht kaufen.

2. Das Umworbenwerden des Kindes als Kunde gilt nicht seiner Person, sondern der Tatsache, daß es Geld ausgeben kann. Die

Wertschätzung, die darin zum Ausdruck kommt, beruht also nicht auf persönlichem Verdienst, das Kind hat dafür selbst nichts weiter tun müssen. Das Verhältnis des Verkäufers zum Kunden ist nur eine begrenzte Rolle ohne jede weitere menschliche Bedeutung. Wird das nicht begriffen, kann eine falsche Selbsteinschätzung entstehen, etwa derart, daß diese Erfahrung als Konsumhaltung sich auch auf andere menschliche Beziehungen ausdehnt, zumal dann, wenn diese Haltung noch dadurch unterstützt wird, daß das Kind in der Familie zum Nulltarif leben darf.

Diese Hinweise unterstreichen noch einmal, wie wichtig die Interpretationsaufgabe der Familie in diesem Zusammenhang ist. Die Erfahrungen, die das Kind im Freizeit- und Konsumbereich machen kann, bedürfen der Deutung, wenn es sie produktiv verwerten soll.

Diese Interpretationsaufgabe liegt übrigens nicht nur bei den Eltern, sondern ebenso bei den älteren Geschwistern. Wer die frühe Teenagerzeit schon hinter sich und den ,,Kinderkram" der Identifikation mit bestimmten Rockidolen bereits überwunden hat, gewinnt unter Umständen einen überzeugenderen Zugang zu dem Problem eines jüngeren Geschwisters als die Eltern. Überhaupt wird, je älter die Kinder werden, die ganze Familie zum Interpretationsort für ihre Mitglieder. Auch die außerfamiliären Erfahrungen der *Eltern* werden von den Kindern begutachtet und gedeutet, das müssen die Eltern nicht nur akzeptieren, sie werden auch ihren Gewinn davon haben. Dies gilt besonders wieder für die Zweitfamilie, weil ihre Mitglieder ja bereits über andere Familienerfahrungen verfügen, die sie in ihre Interpretation einbringen können.

Ferner ist offensichtlich nötig, daß das Kind so früh wie möglich lernt, mit Geld umzugehen, also für seine Wahlentscheidungen auch die Verantwortung zu übernehmen. Schon das Taschengeld hat hier eine wichtige Bedeutung. Es muß so bemessen sein, daß das Kind damit bestimmte, mit ihm vereinbarte Bedürfnisse selbst befriedigen kann. Diese Überlegung gehört in den Zusammenhang des schon früher erwähnten autonomen Handlungsraums, dem je nach Alter auch ein finanzieller Spielraum entsprechen muß. Viele Eltern machen den Fehler, ihren Kindern zwar

Taschengeld zu geben, ihnen aber dennoch alles zu bezahlen, was sie sich wünschen. Das Taschengeld muß dann wie ein zusätzlicher Luxus ohne jeden Sinn erscheinen. Das Kind muß aber gerade lernen, sich mit dem für bestimmte Bedürfnisse bestimmten Geld auch „nach der Decke zu strecken".

Etwa von 14 Jahren an sollte das Geld, das neben den Ausgaben für Wohnung und Essen für das Kind zur Verfügung steht, monatlich auf ein besonderes Konto überwiesen werden. Von nun an müssen alle seine Bedürfnisse – Kleidung, Konsumgüter, das ersehnte Moped, die Klassenfahrt usw. – von diesem Konto bestritten werden. Nun muß es lernen, seinen eigenen Haushalt zu verwalten, also auch für besondere Vorhaben langfristig Rücklagen zu machen. Wenn das Kind sich also ein Fahrrad, ein Moped, später einen Wagen kaufen und vorher den Führerschein machen will, muß es eben entsprechend wirtschaften. Weiteres Geld – außer den üblichen Geschenken – steht nun nicht mehr zur Verfügung. Allerdings sollten die Eltern zum Schutz des Kindes und zu seiner Lernhilfe etwa für die nächsten zwei Jahre sich zumindest bei größeren Anschaffungen ein Vetorecht vorbehalten. Sinn der Sache ist ja nicht, daß das Kind damit „auf die Nase fällt", sondern daß es das Wirtschaften lernt. Dazu gehört, daß man bestimmte Dinge vorausdenken muß, und das kann man auf Anhieb nicht unbedingt von einem 14jährigen erwarten.

In einer Zweitfamilie erweist sich die finanzielle Verselbständigung der Kinder noch aus einem anderen Grunde als zweckmäßig. Der vom abwesenden Vater gezahlte Unterhalt kann auf diese Weise eingesetzt und sein Verdacht kann widerlegt werden, die „Ex" verbrauche das Geld für sich. Außerdem können die Kinder anschaulich erfahren, wieviel der gezahlte Unterhalt eigentlich ausmacht, und er bekommt eher eine persönliche Note, als wenn er lediglich in den Haushalt eingeht und in irgendeiner Form wieder für das Kind ausgegeben wird, wobei dann die Mutter als die Gebende erscheint und nicht der Vater, der gezahlt hat.

Wenn es das Ziel aller pädagogischen Bemühungen ist, das Kind selbständig und verantwortungsbewußt werden zu lassen, dann gehört von einem bestimmten Zeitpunkt an dazu auch die Autonomie über die finanziellen Mittel. Sonst gerät das Kind in die würdelose Situation, ständig im Einzelfalle um Geld betteln zu müssen, obwohl es zur „Finanzhoheit" längst in der Lage ist. Allerdings müssen sich die Eltern darüber im klaren sein, daß sie mit der Gewährung der finanziellen Autonomie auch ein wichtiges Stück ihrer Macht preisgeben. Aber genau dies ist der Sinn der Sache, denn Selbständigwerden des Kindes ist zugleich ein Prozeß der Emanzipation von seiner Familie.

Damit hängt auch die Frage zusammen, ob die Kinder möglichst viel Freizeit (Wochenende, Urlaub) mit den Eltern verbringen sollen – ein in vielen Familien ärgerliches Thema. Da wird oft noch der Sonntag zum Familientag erklärt, an dem die Kinder kein eigenes Programm mit ihren Freunden machen dürfen, sondern mißmutig am obligatorischen Spaziergang teilnehmen müssen; oder es wird auf gemeinsamem Urlaub bestanden, obwohl die Freizeitinteressen längst auseinandergegangen sind und folgerichtig niemand so recht auf seine Kosten kommt.

Einerseits können gemeinsame Freizeittätigkeiten das Zusammengehörigkeitsgefühl der Familie stärken, zumal oft an den Arbeitstagen wenig Zeit für den Umgang mit den Kindern bleibt; je jünger diese sind, um so wichtiger ist es aber, Zeit mit ihnen zu verbringen. Andererseits hat unser Freizeitsystem zu einer starken Individualisierung der Freizeitinteressen geführt: Auch Kinder haben, zumal wenn sie älter werden, oft schon ausgeprägte Freizeitinteressen, die mit denen der Eltern keineswegs übereinstimmen müssen. Ohne „gemeinsame Sachen" aber ist z. B. ein Urlaub schwierig zu gestalten, denn wenn die Rücksichtnahme der einen auf die anderen so groß werden muß, daß niemand mehr so richtig auf seine Kosten kommt, dann bleibt man vielleicht besser gleich zu Hause. Familiäres Beisammensein ist kein Selbstzweck, auch nicht im pädagogischen Sinne, und in der Idee vom „sozialen Heimathafen" ist nicht nur das *Dasein* der Familie angesprochen, sondern auch die sich immer wiederholende *Rückkehr* zu ihr. Diese Idee läßt sich natürlich auch auf den Urlaub anwenden, insofern z. B. nicht alles gemeinsam gemacht wird, sondern unterschiedliche Interessen respektiert werden und ihre Chance bekommen. Spätestens im Jugendalter kann schon die Wahl der Urlaubsgegend – die einen wollen es warm, die anderen kühl – ein unlösbares

Problem werden. Zum Prozeß der Emanzipation der Kinder von den Eltern und umgekehrt gehört auch die Verselbständigung im Freizeitbereich.

In der professionellen Pädagogik bis hin zu den Universitäten ist das Wehklagen über die „geheimen Miterzieher", von denen in diesem Kapitel die Rede war, weit verbreitet. Da werden Wunschbilder aufgebaut, was alles „eigentlich" pädagogisch sinnvoll wäre, was aber leider durch Fernsehen, Konsumwerbung und die „sinnlosen" Freizeittätigkeiten der Gleichaltrigen verhindert werde. Diese Pädagogen merken nicht, daß sich in unserer Kultur einiges grundlegend geändert hat.

Bis in die 50er Jahre war es noch möglich, dem Kind in Familie und Schule einen Schonraum zu verschaffen, in dem es nach pädagogischen Gesichtspunkten – was ist gut für das Kind und was nicht? – aufwachsen konnte. Entsprechend begrenzt und kontrolliert war sein Leben in der Öffentlichkeit. Jedenfalls war es dort weitgehend geschützt vor Einflüssen, die dieser Pädagogik nennenswert schaden konnten. Pädagogik in der Schule wie in der Familie war gedacht als Lebens*vorbereitung*.

Heute leben Kinder ganz anders. Der Schonraum gilt kaum länger als bis zum Schuleintritt oder vielleicht bis zum Ende der Grundschulzeit. Aber das Kind nimmt schon früh an wichtigen gesellschaftlichen Bereichen teil, die früher den Erwachsenen vorbehalten waren: Massenkommunikation, Konsummarkt, sogar das alte Erwachsenenprivileg der Sexualität wird oft schon in der späten Kindheit gebrochen. Die Gruppen der Gleichaltrigen fungieren hier als Vermittler. Wenn man also darüber nachdenkt, wie man ein befriedigendes Heranwachsen heute fördern kann, dann muß man sich ansehen, wie Kinder und Jugendliche wirklich leben, denn sie können sich die Welt, in der sie leben, nicht aussuchen. Unter diesem Gesichtspunkt muß man nun feststellen, daß das, was die Pädagogik bisher immer ein wenig abschätzig die „geheimen Miterzieher" genannt hat, zu einem wichtigen Lebensbereich der Kinder geworden ist, der für ihr Lernen und ihre Bildung inzwischen unentbehrlich ist. Wie in der Familie lernen die Kinder auch hier durch Teilnahme, d. h. sie werden nicht planmäßig und absichtlich erzogen, sondern sozialisiert. Unter diesen

Bedingungen kann Pädagogik sich nicht mehr nur wie früher als *lebensvorbereitend,* sie muß sich vielmehr immer mehr auch als *lebensbegleitend* verstehen, also die Erfahrungen, die die Kinder machen, mit ihnen zu deuten versuchen, damit sie einen Sinn darin finden können.

Wenn die Eltern die Aufgabe der Interpretation außerfamiliärer Erfahrungen ihrer Kinder wahrnehmen *und* das Familienleben als Zusammenleben so organisieren, daß die Kinder verantwortungsvoll daran beteiligt werden, *und* das Selbständig- und Selbstverantwortlichwerden ihrer Kinder so früh wie möglich Stück für Stück fordern und fördern, dann tun sie, was sie wirklich tun können. Die mehr oder weniger schlauen Ratschläge, die Pädagogen und Psychologen ihnen unter dem Stichwort „Familienpädagogik" unentwegt und unaufgefordert anbieten, können sie dann vergessen. Im übrigen sollten die Eltern, so gut es ihnen möglich ist, sich selbst weiterbilden, am kulturellen und gesellschaftlichen Leben teilnehmen, aber die Lage ist keineswegs so, daß sie eine spezielle „Elternbildung" oder eine spezifische pädagogische Schulung bräuchten; davon ist eher abzuraten, weil so etwas den Umgang mit den Kindern befangen macht und Tendenzen zur Pädagogisierung in die Familie eindringen läßt, die die Glaubwürdigkeit der Beziehungen belasten und die Kinder zu Objekten irgendwelcher erzieherischer Planungen macht. Nur in besonderen Fällen – z. B. bei Krankheit und Behinderung – müssen unter Umständen spezifische Umgangsformen trainiert werden.

3. Wozu ist die Schule da?

Mit dem Eintritt in die Schule emanzipiert sich das Kind erheblich von seiner Familie. Es tritt nun gleichsam in das öffentliche Leben ein; denn der Schulbesuch ist eine gesetzliche Pflicht. Zwei Bestrebungen treffen hier zusammen: Einerseits will der Staat mit seiner Schulpflicht die nachwachsende Generation in die Lage versetzen, die nötigen Mindestkenntnisse zu erwerben, um die öffentlichen Aufgaben, vor allem als Staatsbürger und Berufstätiger, erfüllen zu können. Andererseits dient die Schule dem Kind dazu, daß es seine Fähigkeiten entdecken und entwickeln kann, aber auch seine Grenzen (Mathematik liegt mir nicht, Englisch schon eher), um mit beiden Erkenntnissen seine weitere Lebensperspektive (Was will ich werden? Wie soll ich mich weiter ausbilden?) gestalten zu können.

Von den Grenzen wird in der gegenwärtigen Pädagogik nicht gerne geredet. Sind sie in der Schule unübersehbar, werden meist alle möglichen Erklärungen angeboten, die den Blick von der Wirklichkeit ablenken können: Das Kind sei eben nicht motiviert, und man müsse die Ursache dafür finden; oder es habe Probleme, und man müsse diese erst einmal klären; oder das bildungsferne Elternhaus sei schuld usw.

Alle solche Faktoren können im Einzelfall eine Rolle spielen, aber sie dürfen den Blick für das prinzipielle Problem nicht trüben. Irgendwann kommt das Kind an die Grenzen seiner Lernfähigkeit, und dann hat es keinen Sinn mehr, es mit darüber hinausgehenden Anforderungen zu quälen. Ob bei Lernschwierigkeiten in der Schule diese Grenze erreicht ist, oder ob es sich nur um Lernunwilligkeit handelt, ist im Einzelfall schwer zu ermitteln. Ein Lehrer, den man mag, oder eine zusätzliche Förderung können da unter Umständen manches ändern. Zudem wenden die schwierigen Jahre der Pubertät den Blick leicht auf anderes, was dann wichtiger erscheint als die Schule.

In den letzten 20 Jahren sind erhebliche bildungspolitische Anstrengungen unternommen worden, um die Chancengleichheit zu verbessern, jedem Kind unabhängig von seiner sozialen Herkunft und seinen finanziellen Möglichkeiten einen seinen Fähigkeiten und Begabungen entsprechenden Bildungsweg zu ermöglichen. Dieser Prozeß ist – was die finanzielle Förderung angeht – noch keineswegs zum Abschluß gekommen, er ist angesichts der gegenwärtigen Wirtschaftslage und wegen darauf reagierender politischer Entscheidungen eher wieder etwas rückläufig. Dennoch läßt sich im großen und ganzen sagen, daß – jedenfalls im Vergleich zu früheren Generationen – kaum jemand mehr den seinen Fähigkeiten entsprechenden Bildungsweg aus rein finanziellen Gründen verlassen bzw. abbrechen muß.

Diese Tatsache hat aber eine wichtige Konsequenz. Vertreter früherer Generationen konnten noch mit mehr oder weniger Recht sagen, sie hätten gern eine höhere Ausbildung gehabt (Abitur, Studium), aber sie sei ihnen aus finanziellen Gründen nicht möglich gewesen. Heute sind solche Erklärungen kaum noch plausibel. Heute muß das Kind bzw. der Jugendliche zu seinen Grenzen stehen, wobei es verhältnismäßig gleichgültig ist, ob dies eher solche der Lern*fähigkeit* oder der Lern*willigkeit* sind. Wer als Lehrer diese Tatsache wegredet, indem er auf die vorhin erwähnten Ausreden verweist, der nützt dem Kind nicht nur nichts, sondern stürzt es in eine tiefe Orientierungslosigkeit. Erinnern wir uns an das über die Identitätsfindung Gesagte: Der junge Mensch muß sich auch eine Vorstellung davon machen können, wer er *nicht* ist, was er *nicht* kann und wozu er *nicht* da ist! Die Schule hat auch die Aufgabe, die Schüler zu entsprechenden Einsichten zu führen, soweit es die Schulleistungen angeht.

Gerade für junge Menschen kann die Erfahrung der Grenzen schmerzlich sein, und hier hat sich die Familie als Basissozialität zu bewähren, indem sie einerseits zu ermitteln hilft, woran es liegt, aber andererseits auch ihre Solidarität anbietet und gemeinsam mit dem Kind nach anderen Wegen sucht für seine weitere Qualifikation, z. B. eine Lehre ins Auge faßt. Ist jedoch lediglich oder überwiegend Faulheit im Spiel, muß die Familie auch das erwähnte Prinzip des Generationenvertrages geltend machen, also in eine entsprechende Auseinandersetzung mit dem Kind eintreten.

Andererseits ist klar, daß die Schule nur ganz bestimmte Fähigkeiten des Kindes fördern kann, eben nur solche, die sich durch die Beschäftigung mit den Schulfächern entfalten können. Möglicherweise entspricht eine praktische Berufsausbildung mehr den Interessen und Fähigkeiten eines Kindes; denn jedes Kind, sogar ein geistig behindertes, ist bildbar, hat also irgendwelche Fähigkeiten, die entwickelt werden können, die Frage ist nur, *wie* man das macht und *wer* das machen kann.

In den letzten Jahrzehnten hat sich bei uns eine Art von pädagogischem Machbarkeitswahn durchgesetzt. Man glaubte vielfach, eigentlich könne jedes Kind bis zur Studierfähigkeit gebracht werden, wenn man es nur richtig mache, genug Lehrer anstelle, genug Sozialpädagogen für die Betreuung der Kinder mobilisiere, wenn man die Schule entsprechend umgestalte usw. Manches davon ist nach wie vor richtig, z. B. wird jeder Lehrer bestätigen, daß ein Kind in einer Klasse mit 15 Schülern größere Lernchancen hat als in einer Klasse mit 30.

Dieser Machbarkeitswahn hat aber auch auf so manche Mittelschichtfamilie übergegriffen, vor allem auf solche, in der die Mütter genug – oder sollte man sagen: zuviel? – Zeit für ihre Kinder haben. In solchen Familien kann „Schule" zum alles beherrschenden Thema werden: Was in der Schule los war, was der Lehrer gesagt hat, wer welche Noten in der Klassenarbeit gehabt hat, welche Schulaufgaben zu erledigen sind, daß man dieses oder jenes erst dann tun darf, wenn die Schularbeiten gemacht sind usw. Andere Interessen und Probleme können kaum zur Sprache kommen, und die Kinder werfen dann irgendwann entnervt das Handtuch, um nur schnell den bohrenden Fragen zu entgehen. Treffen sich solche Mütter bei irgendeiner Gelegenheit, gibt es nur ein einziges Thema: Schule und Schulleistungen, und dabei werden die Fortschritte oder Rückschritte der eigenen Kinder mit denen der anderen Mütter verglichen, was – je nach Ergebnis dieses Vergleiches – zu Hause unter Umständen zu vermehrten Anstrengungen in dieser Sache führt.

Die Motive für ein solches Verhalten können im Einzelfall natürlich unterschiedlich sein: Sorge um die Zukunft der Kinder, wobei man sich vielleicht der Bedeutung der Schulleistungen aus seiner eigenen Kindheit erinnert; fehlende Alternativen für ein anderes Engagement, also Langeweile; das Bedürfnis, mit den Schulleistungen der Kinder den eigenen Wert als Mutter herauszustellen; Macht über die Kinder auszuüben und sie so an sich zu binden, also sie möglichst nicht selbständig und „groß" werden zu lassen ...

In der Sache selbst sollte man zweierlei bedenken: Einmal ist es heute leichter als früher möglich, versäumte Schulabschlüsse nachzuholen, wenn man später doch noch seine Interessen und Fähigkeiten dazu entdeckt, und im Video-Zeitalter werden diese Möglichkeiten sich vergrößern. Zudem wird immer unklarer, ob auch in Zukunft noch der höchstmögliche Schulabschluß mit einer um so besseren beruflichen Chance identisch ist.

Andererseits ist die Schule Sache des Kindes. Es hat diese Aufgabe aus eigener Verantwortung und mit zunehmender Selbständigkeit zu bewältigen. Es muß stolz auf seine Leistungen sein können, und es will selbst nicht den Eindruck haben, als seien dies gar nicht seine eigenen Erfolge, sondern nur die Ergebnisse des elterlichen Drucks. Wenn das Kind Hilfe braucht – sei es wegen der Schulaufgaben oder wegen eines Konflikts in der Schule –, soll es das sagen, damit man dann gemeinsam mit ihm beraten kann, was zu tun ist. Das übertriebene elterliche Interesse am Schulleben der Kinder ist vielleicht nicht von der Absicht her der Versuch, die mit dem Schuleintritt des Kindes beginnende Emanzipation von der Familie und damit sein Selbständigwerden wieder rückgängig zu machen, aber es hat diese Wirkung.

Man stelle sich zum Vergleich einmal vor, daß ein Ehepartner den anderen täglich auf diese bohrende Weise nach seinem beruflichen Alltag, seinen Erfolgen und denen seiner Kollegen ausfragt. Vielleicht erkundigt er sich noch regelmäßig beim Vorgesetzten über die beruflichen Fortschritte oder Rückschritte seines Partners. So etwas könnte ein Drehbuch für einen Hollywood-Klamauk abgeben. Haben Kinder kein Recht darauf, ähnlich würdig im Hinblick auf die außerfamiliären Verpflichtungen behandelt zu werden, wie wir uns das als Erwachsene auch wünschen?

Ein weiteres Problem in diesem Zusammenhang ist, inwieweit die Eltern mit der Schule ihrer Kinder zusammenarbeiten sollen. Diese Frage hat zwei Aspekte.

Einmal geht es um eine *politische* Seite. Die Eltern werden inzwischen in allen Bundesländern in unterschiedlicher Form durch entsprechende Gesetze bildungspolitisch in den Schulbetrieb einbezogen: Ihre Vertreter haben Sitz und teilweise Stimmrecht in den Konferenzen, die Eltern werden regelmäßig zu Klassenkonferenzen eingeladen, in denen die Lehrer ihnen den Stoffplan für die nächste Zeit vortragen, sie dürfen über die Einführung von Schulbüchern mitbestimmen usw. Es geht also auf dieser schulpolitischen Ebene nicht darum, sich für die Interessen des eigenen Kindes einzusetzen, sondern darum, daß sozusagen die Eltern als soziale Gruppe, als Kollektiv, für die ebenfalls als Kollektiv gedachten Schüler Einfluß nehmen auf bestimmte Fragen der Organisation der Schule und des Unterrichts.

Diese Beteiligung der Eltern sollte einmal ein Beitrag zur Demokratisierung der Schule sein. Man kann darüber streiten, ob dieser Effekt auch wirklich eingetreten ist. Wie jede Bürokratisierung und Kollektivierung hat auch diese eher die Wirkung gehabt, daß persönliche Verantwortlichkeit vermindert wurde. Lehrer sichern sich z. B. bei den Eltern ab, wenn sie ein Unterrichtsprojekt planen, das vielleicht „brenzlig" werden könnte. In der Regel setzen sich diejenigen Eltern durch, die von ihrer Vorbildung her wortgewandter sind als die anderen, also die Vertreter der Mittelschicht, und sie setzen natürlich das durch, was nach ihrer Meinung für die Bedürfnisse *ihrer* Kinder gut ist. Am meisten sind „Kollegeneltern" bei den Lehrern gefürchtet.

Dies alles mag auf der Ebene einer einzelnen Klasse und einer einzelnen Schule noch angehen, aber darüber hinausgehende Elternvertretungen bis hin zur Landesebene sind problematisch. Hier droht die Gefahr eines „Berufselterntums", das ohne wirkliche Legitimation durch die Basis bildungspolitische Erklärungen abgibt, die zumeist konservativ bis reaktionär sind. (Von solchen Gremien wird z. B. der schulfreie Samstag verhindert, und zwar mit pädagogisch oft geradezu haarsträubenden Argumenten.)

Der politische Irrtum dieser Konstellation ist, daß die Eltern eine besondere politische Größe sind, die einer politischen Repräsentation bedürfen. Sie sind es aber ebensowenig wie die Jugendlichen oder die Rentner. Vielmehr spiegeln sie das ganze politische

Spektrum wider, wie es sich etwa in einer Wahl ausdrückt. Werden die Eltern trotzdem als eigentümliche bildungs- und schulpolitische Größe angesehen, dann werden sich zumindest in den höheren Gremien diejenigen durchsetzen, die eine dafür geeignete Vorbildung haben und die nötige Zeit aufbringen können und wollen. Sie sind keineswegs repräsentativ für alle Eltern, die sie angeblich vertreten, es sind im wesentlichen Beamte. Die Macht der Kultusadministration wird durch diese „Demokratisierung“ keineswegs angetastet und eventuell vorhandenes kritisches Potential gegen die Administration wird auf diese Weise nur in Gremien vergesellschaftet und „verheizt“.

Neben dieser politischen gibt es eine *pädagogische* Seite der Elternbeteiligung an der Schule. Da gibt es zunächst die Teilnahme am Schulleben, also an dem, was außerhalb des Unterrichts stattfindet: Schulfeste, Aufführungen von Chören, Orchestern, Theatergruppen usw. Die Teilnahme daran oder auch die Mitarbeit bei der Vorbereitung und Durchführung gehören zur „Aufmerksamkeit“, welche die Eltern den Tätigkeiten der Kinder schulden; außerdem sind derartige Veranstaltungen der Schule ein wichtiger Teil des örtlichen kulturellen Lebens, der „Laienkultur“ im Unterschied zur professionellen Kulturtätigkeit z. B. in den Theatern und Konzertsälen.

Für viele Eltern bleibt aber das Interesse am Schulschicksal der eigenen Kinder am wichtigsten. Es ist interessant, daß in Untersuchungen Arbeitereltern ganz überwiegend dieses Engagement im Blick haben, während Mittelschichteltern eher für die grundsätzliche Mitsprache eintreten, also für die eben beschriebene bildungspolitische Beteiligung. Daraus kann man schließen, daß hier unterschiedliche Sichtweisen über die Aufgabe der Schule vorliegen. Mittelschichteltern neigen eher dazu, die Schule als ein Instrument ihrer familiären Bildungsabsichten zu betrachten, während Arbeitereltern sie eher als einen von der Familie abgegrenzten Lernort einschätzen. Welcher Sicht sollte man sich anschließen?

Nun könnte man diese unterschiedliche Einstellung zur Schule auch so deuten: Mittelschichteltern neigen eher dazu, die schulische Arbeit der Kinder zu bevormunden, Arbeitereltern gewähren ihren Kindern eher schulische Selbständigkeit. Unter dem Gesichtspunkt also, daß die Eltern die Selbständigkeit und Selbstverantwortung ihrer Kinder fördern sollen, wäre eher für Zurückhaltung gegenüber der Schule zu plädieren. Die heute weitverbreitete „Allianz von Mutter und Lehrerin“ ist – von den ersten Grundschuljahren abgesehen – eher eine „unheilige“ im Hinblick auf selbständige Entwicklung. Kinder müssen auch lernen, mit Lehrern auszukommen, die ihnen nicht liegen. Von offensichtlichem Fehlverhalten in Einzelfällen abgesehen, sollten die Eltern ihnen diese Aufgabe nicht abnehmen, sondern sie zu bewältigen helfen. Sonst wird ihr Kind in diesem Punkte weltfremd, denn im Berufsleben kann man sich die Vorgesetzten und Kollegen auch nicht aussuchen, sondern muß sich mit ihnen irgendwie arrangieren.

Die Norm muß also sein, daß das Kind selbst in der Schule „klarkommt“. Ist dies gelegentlich nicht der Fall, können die Eltern sich auf Bitten des Kindes einschalten und mit einem Lehrer eine Art von Vermittlungsgespräch führen. Im allgemeinen darf man davon ausgehen, daß ein Lehrer professionell genug ist, solche Verständnisschwierigkeiten zu beseitigen. Im übrigen bleibt auch in diesem Punkte die wichtigste Funktion der Familie ihr Angebot als Interpretationsort: Die Kinder können ihre Schulerfahrungen am Mittags- oder Abendtisch ausbreiten, sie dürfen dabei auch auf ihre Lehrer schimpfen, und die Eltern lassen sich darauf argumentativ und „aufklärerisch“ ein.

Wir hatten schon darauf hingewiesen, daß Eltern als Eltern keine eigenständige politische Gruppe sind, sondern vielmehr alle parteipolitischen und weltanschaulichen Standpunkte widerspiegeln, die es in der Gesellschaft gibt. Deshalb können bzw. dürfen Elternvertreter als solche auch kein politisches Mandat ausüben, also nicht im Namen der von ihnen vertretenen Eltern bildungspolitisch anfechtbare Erklärungen abgeben. Gleichwohl haben Eltern das wichtige gemeinsame Interesse, daß ihren Kindern vor Ort, also da, wo sie wohnen, ein Bildungsangebot gemacht wird, das es erlaubt, ihre Fähigkeiten zur Entfaltung zu bringen. Daß dies ermöglicht wird, hat mit Politik zu tun, nämlich mit der Bereitstellung der entsprechenden finanziellen Mittel. Da sie an anderer Stelle für andere Vorhaben fehlen, muß über ihre Verwendung *politisch* in den zuständigen Instanzen entschieden werden. Es gibt also doch so etwas wie ein gemeinsames Interesse aller Eltern, nämlich an einem optimalen Bildungsangebot. Sobald sich dieses Interesse jedoch irgendwo öffentlich formuliert, gerät es sofort in die Mangel der bildungspolitischen Parteienstreitigkeit. Das ist letzten Endes auch notwendig, denn nur über die Parteien können neue Vorschläge in die Parlamente kommen und dort eventuell zu Reformen führen. Aber mit solchen politischen Parteiungen sind immer auch ideologische Auseinandersetzungen verbunden, wie wir sie etwa aus dem Streit über die Gesamtschule oder über neue Lehrpläne kennen. Neben den politischen Parteien sind nämlich auch noch andere Interessenten darin verwickelt, z. B. die verschiedenen Berufsverbände der Lehrer und anderer pädagogischer Berufe. Das Bildungsbedürfnis des Kindes ist auf dieser ideologischen Ebene nicht viel mehr als ein Vorwand, um die Interessen der Erwachsenenverbände zu rechtfertigen. Eltern müssen sich das klarmachen, wenn sie für diese oder jene bildungspolitische Position etwa bei Wahlkämpfen geworben werden sollen. Sieht man auf das Bildungsbedürfnis der Kinder, so gibt es mindestens folgende Forderungen, die alle Eltern gemeinsam vertreten könnten und wofür sie sich an ihrem Wohnort möglicherweise organisieren sollten.

1. *Kleine Klassen* von 15 bis 20 Schülern vom ersten bis zum letzten Schuljahr. Das ist eine Forderung, die auf übereinstimmender pädagogischer Erfahrung beruht. Es dürfte kaum einen Lehrer geben, der behauptet, mindestens 30 Schüler in einer Klasse seien optimal, um jeden einzelnen bestmöglich zu fördern. Natürlich ist das eine politische Frage, insofern dafür die Mittel bereitgestellt werden müssen. Wer sie stellt, muß auch prüfen, was anstelle dessen finanziert wird.

2. *Ein differenziertes Schulangebot.* Ob die Gesamtschule zur Regelschule werden soll oder das überlieferte Gymnasium, ist ein typisch ideologischer Streit. Er ist für Kinder und deren Eltern vollkommen uninteressant. Interessant ist vielmehr, daß es sowohl die Gesamtschule als auch ein humanistisches Gymnasium neben anderen Formen des Gymnasiums als Schulangebot gibt. Für das eine Kind ist das Gymnasium geeigneter, für das andere die Gesamtschule. Je differenzierter das Schulangebot, um so größer die

Chance, daß ein Kind seinen Fähigkeiten und seinem Lerntempo entsprechende Bildungsangebote erhält.

3. *Differenzierte Lehrpläne.* Die Lehrpläne der Schulen beruhen auf bildungspolitischen Entscheidungen bzw. auf Entscheidungen der Schuladministration. Aber Schule ist eine pädagogische Dienstleistung für die Kinder: Sie sollen dort ihre Fähigkeiten entwickeln können und ihre Grenzen erfahren. Diese Chance ist um so größer, wenn nicht nur intellektuelle (kognitive), sondern auch künstlerische und handwerkliche Anforderungen gestellt werden.

4. *Schulen, die fordern und fördern.* Der Weg des Kindes in die Schule muß sich jeden Tag erneut lohnen; es muß nach Hause kommen können mit dem Gefühl, etwas gelernt zu haben, sonst ist nicht einzusehen, warum es morgen wieder dort hingehen soll.

Bleibt man bei dem Gesichtspunkt, daß Kinder lernen müssen, ihre Fähigkeiten zu entfalten, dann ist die Frage, welchen Beitrag dazu die Schule und nur sie leisten kann. Auch außerhalb lernen Kinder ja viel und Wichtiges: in der Familie, in den Gleichaltrigengruppen, durch die Massenmedien und durch sachorientierte Freizeittätigkeiten. Gelernt werden hier vor allem soziales Verhalten und jeweils begrenzte Teilfähigkeiten. Was fehlt und was nach wie vor nur die Schule leisten kann, sind systematische Vorstellungen und Kenntnisse von Natur, Kultur und Gesellschaft. Ein entsprechender *systematischer Unterricht* über diese Gebiete bleibt also, vom Kind aus gesehen, das, was nur die Schule kann.

Ferner kann das Kind seine Fähigkeiten und Interessen nur entfalten, wenn es mit Forderungen konfrontiert wird, wenn ihm entsprechende Aufgaben gestellt werden. Im Idealfall muß es jederzeit wissen, was es schon und was es noch nicht kann. Die Forderungen stellt letzten Endes nicht der Lehrer – er modifiziert sie nur didaktisch, d. h. so, daß sie lernbar werden –, sondern die Sache selbst. Wer Mathematik, Englisch oder Geographie lernen will, der muß sich auf die Ansprüche einlassen, die von diesen Sachen ausgehen und die dafür nötige Disziplin aufbringen.

Wird ein Schüler unterfordert, dann kann er seine Fähigkeiten ebensowenig optimal entfalten, als wenn er überfordert wird. In beiden Fällen muß die Schule die Kinder fördern können, den einen durch Zusatzaufgaben, den anderen durch Wiederholung und Nachbereitung des schon bekannten Stoffes.

In diesen Zusammenhang gehört auch das leidige Thema der Schulnoten. Sie haben eine politische und eine pädagogische Funktion. In unserer demokratischen Gesellschaft werden im Prinzip die beruflichen Positionen nach Leistung vergeben, nicht mehr wie in der vorbürgerlichen Gesellschaft nach dem Status der Geburt, also nach ständischen Gesichtspunkten. Die Schulzeugnisse eröffnen folglich Berechtigungen, Zugänge zu bestimmten Berufsausbildungen. Der Hauptschulabschluß berechtigt zur Aufnahme einer Lehre, das Abitur zur Aufnahme eines Studiums usw. Zu dieser Art der Statusverteilung gibt es keine Alternative, Schulnoten können aus diesem *politischen* Grunde grundsätzlich nicht abgeschafft werden, deshalb sind alle Debatten darüber weltfremd.

Pädagogisch gesehen haben Schulnoten die Funktion, den Stand des Lernprozesses zu kennzeichnen, den der Schüler erreicht hat. Dabei kann die Leistung nicht objektiv gemessen werden, sondern im Grunde nur im Vergleich zu den anderen Schülern der Klasse. Die Schulnote kann also immer nur ein Anhaltspunkt für den Leistungsstand des Schülers sein, mehr nicht. Deshalb ist ihre pädagogische Funktion auch zu Recht umstritten. Wenn ein Schüler in einem Fach, das ihm nicht liegt und ihm besondere Mühe macht, sich von einer Fünf auf eine Vier hocharbeitet, dann steckt darin eine viel größere Leistung, als sie in der Note zum Ausdruck kommt.

Die Eltern sollten also die Schulnoten ihrer Kinder mit der Gelassenheit betrachten, die sie der Sache nach verdienen. Wenn es Aufgabe der Schule ist, durch Unterricht die Fähigkeiten des Kindes und deren Grenzen erkennbar und vor allem erfahrbar zu machen, dann sind die Schulnoten Anhaltspunkte dafür, wo vermutlich seine Stärken und Schwächen liegen. In Verbindung mit einer Beratung durch die Lehrer können sie unter Umständen Anlaß sein, einen Schulwechsel vorzunehmen oder eine praktische Berufsausbildung anzustreben. Für die Eltern muß es der leitende Gesichtspunkt bleiben, gemeinsam mit dem Kind herauszufinden, „was dessen Bier ist", also den beruflichen Aufgabenbereich zu suchen, in dem es seine Fähigkeiten zu seiner eigenen Zufriedenheit voll entfalten kann. Alle Versuche, die Schulnoten „gerechter“ oder sonstwie „perfekter“ zu machen, haben die Sache immer nur verschlimmert.

5. *Lehrer, von und mit denen man etwas lernen kann.* Immer wieder gibt es bildungspolitischen Streit über die sogenannte Lehrerbildung, also darüber, was angehende Lehrer alles lernen sollen. Die Streitigkeiten sind im wesentlichen „Marktkämpfe“ der an der Ausbildung interessierten Fächer und Verbände. Ob die Lehrerstudenten nun etwas mehr Psychologie oder mehr Pädagogik studieren, wird ihre Fähigkeit, im Unterricht Kinder zu fordern und zu fördern, nicht beeinflussen. Für die „Endverbraucher“ – also die Schulkinder und ihre Eltern – ist nur interessant, was man hinterher *von ihnen* lernen kann (ihre fachliche Kompetenz) und ob man es auch *mit ihnen* lernen kann (ihre soziale Kompetenz). Was nützt der fachlich beste Lehrer, wenn er seine Kenntnisse nicht vermitteln, also mit den Schülern nicht entsprechend umgehen kann? Und was nützt der umgängliche Lehrer, von dem man nichts lernen kann?

Kinder haben fast immer Respekt vor fachlich guten Lehrern, die sich „die Butter nicht vom Brot nehmen lassen“, auch wenn sie sie persönlich nicht besonders mögen. Warum sollten sie mit anderen als guten Lehrern ihre lange Schulzeit verbringen? Kinder wollen etwas lernen, und es ist ein ungelöstes Geheimnis, warum die Schule diesen Wunsch den meisten austreibt.

Übrigens hat unser sozialer Vater – ob verheiratet oder nicht – von sich aus keinerlei Rechte als Interessenvertreter seiner Stiefkinder gegenüber der Schule, da er nicht erziehungsberechtigt ist. Strenggenommen darf kein Lehrer ihm Auskünfte über die schulischen Leistungen geben. Eigentlich dürfte er auch nicht an Elternversammlungen teilnehmen. Rechtlich geht es ihm hier genauso wie dem nichtsorgeberechtigten leiblichen Vater.

In der Praxis ist mir allerdings kein Fall bekannt, wo dies eine Rolle gespielt hätte, zumal bei Abstimmungen für jedes Kind ohnehin nur *eine* Stimme abgegeben werden kann. Offenbar sind Stiefeltern den Schulen genauso willkommen wie die Erziehungsberechtigten, und sie werden auch in Elternvertretungen gewählt.

4. Auszug der Kinder

Vor einiger Zeit war in einer Illustrierten (Stern Nr. 1/85) eine Reportage über ,,Die neuen Paschas" zu lesen. Gemeint waren herangewachsene Söhne und Töchter, die zum sozialen Nulltarif weiterhin zu Hause wohnen, sich aber ,,von vorne bis hinten bedienen lassen", natürlich vor allem von der Mutter. Die Mütter, die dabei zu Worte kamen, ließen sich dies unter anderem deshalb gefallen, weil sie ein schlechtes Gewissen hatten bei dem Gedanken, ihre Kinder könnten seelischen Schaden nehmen, wenn man ihren Erwartungen nicht entspräche. Die Rede war auch von erwachsenen Kindern, die ihre Ausbildung ,,schmeißen" und sich keine Arbeit suchen, weil sie es so gut wie bei Muttern nie wieder haben könnten. Sogar Selbsthilfegruppen für solche Mütter gibt es bereits, die lernen wollen, Widerstand gegen ihre neuen Paschas zu entwickeln.

Nun entstehen so extreme Fälle von materieller und sozialer Verwöhnung nicht erst im jungen Erwachsenenalter. Sie sind vielmehr das Ergebnis eines kindlichen und jugendlichen Lebens, in dem Verantwortung ein Fremdwort geblieben ist. Nun ist aus ,,Mammis Schätzchen" ein kleiner, lebensuntüchtiger Parasit geworden.

Aber es gibt auch eine andere Entwicklung. Schon vor der Volljährigkeit verlassen Kinder oft ihre Familie, um sich – meist gemeinsam mit Gleichaltrigen oder als Paar – eine eigene Wohnung zu nehmen. Wenn sie studieren, ist es in den meisten Fällen ohnehin unvermeidlich, daß sie wenigstens zeitweise zu Hause ausziehen.

Für unsere Zweitfamilie, wie wir sie im ersten Teil dargestellt haben, dürfte die Ablösung der Kinder eigentlich kein großes Problem sein. Wir unterstellen ja, daß sie sich nach den vorhin beschriebenen Prinzipien des Familienlebens richtet, die Kinder selbständig und verantwortungsfähig werden läßt und so deren Ablösung vorbereitet. Gleichwohl gibt es hier einige Probleme, von denen nun zum Abschluß die Rede sein soll.

Die Psychologen sagen ziemlich übereinstimmend, daß seit geraumer Zeit in unseren Mittelschichten verwöhnende Erziehung zugenommen habe. Sie erklären dies einerseits mit schlechtem Gewissen, andererseits damit, daß die traditionelle Vaterrolle verblaßt sei, so daß von früh an die Beziehung der Mutter zum Kind sehr eng, geradezu symbiotisch werde. Das Kind werde so zu einer Kompensation für Enttäuschungen, sei es aus der eigenen Kindheit, sei es aus aktuellen Anlässen. Nun ist Verwöhnung zweifellos eine Form von emotionaler Ausbeutung. Wer andere verwöhnt, erwartet auch etwas für sich, z. B. eine über die Kindheit hinaus wirkende emotionale Bindung; oder das Kind fungiert als Identitätskrücke, als stabilisierendes Moment für das unsichere Selbstgefühl des Erwachsenen. So geht heute in vielen unserer Mittelschichtfamilien die materielle und soziale Verwöhnung einher mit emotionaler Ausbeutung der Kinder, und das Problem dabei ist, daß diese pädagogische Einstellung fast zur Norm geworden ist. Auch wenn Eltern diesem Verhalten skeptisch gegenüberstehen, wird es doch durch die soziale Umgebung, in der man lebt, bestärkt. Sollen es die anderen Kinder denn besser haben als die eigenen?

Verwöhnte Kinder haben ein schwaches Selbstwertgefühl und trauen sich wenig zu. Als Herangewachsene haben sie Angst, ihr Leben in die eigene Verantwortung zu nehmen. Sie wollen möglichst lange noch zu Hause bleiben und den „Service" des Elternhauses weiter genießen, in den nicht selten der Freund bzw. die Freundin einbezogen wird. Viele betroffene Eltern bemerken das Ausmaß der Verwöhnung ihrer Kinder erst, wenn diese herangewachsen sind und nun keine Anstalten machen, ihr Leben selbst in die Hand zu nehmen. Dann wird das Ärgernis unübersehbar.

Manche Suchtforscher sind sogar der Überzeugung, daß viele junge Süchtige eine Art von „Flucht in die Sucht" antreten, um die Erwachsenenrollen nicht übernehmen zu müssen. Dieser Typus des verwöhnten und deshalb labilen Herangewachsenen ist übrigens auch offen für alle politischen, ideologischen oder psychologischen Ausreden, die ihm zur Rechtfertigung seines Verhaltens angeboten werden: Er redet von der menschlichen Kälte der Gesellschaft oder der „beschissenen" Zukunftsperspektive, während er schamlos seine Mutter ausbeutet, was den Charakter einer unbewußten Rache für die ihm aufgezwungene Verwöhnung annehmen kann, die ihn daran gehindert hat, ein selbstbewußter und eigenverantwortlicher Mensch zu werden.

Was ist in solchen gar nicht so seltenen Fällen zu tun? Gänzlich unangebracht wäre auch hier ein schlechtes Gewissen; es würde niemandem nützen. Vergangenes ist nicht mehr zu ändern. Aber der Herangewachsene ist nun verständig genug, daß ihm sein Zustand klargemacht werden kann. Mit ihm zu verabreden wäre eine Strategie, wie sein Auszug aus der Familie vor sich gehen soll. Er muß einerseits so schnell wie möglich aus dem verwöhnenden Milieu des Elternhauses heraus, also möglichst eine eigene Wohnung, vielleicht gemeinsam mit anderen Gleichaltrigen beziehen. Andererseits nützt es ihm auch nichts, wenn man ihn einfach hinauswirft – obwohl dies in Einzelfällen sinnvoll sein kann –, ohne daß ihm bei diesem Prozeß der Ablösung geholfen wird. Er muß vielmehr gefordert und gefördert werden. Der Auszug aus dem verwöhnenden Milieu ist in einem solchen Fall das wichtigste Ziel, weil in der Regel nicht zu erwarten ist, daß dieses Milieu sich ändert. Aber dafür kann man eine Probe aufs Exempel machen: Solange der junge Mensch noch in der elterlichen Wohnung ist, sorgt er für seine eigenen Bedürfnisse (z. B. Wäsche, Kleidung) selbst *und* beteiligt sich angemessen an den im Haushalt anfallenden Aufgaben. Das gilt auch dann, wenn er bereits verdient und einen Beitrag in die Haushaltskasse zahlt. Wer dies durchsetzen kann, beendet auch das verwöhnende Milieu. Daß jedoch ein Auszug allein nicht unbedingt ausreicht, zeigt folgender Fall: Ein junger Mann, 21 Jahre alt, hat mit 17 Jahren die Schule „geschmissen" und sich auch nicht um Arbeit bemüht, er lebt seitdem in einer kleinen Wohnung, die ihm die Mutter finanziert, mit seiner Freundin zusammen; einmal in der Woche kommt die Mutter, um die Wohnung sauber zu machen, weil es doch „ihre" Wohnung sei.

Die Zweitfamilie hat deshalb eine besondere Chance, solche Verwöhnungen zu vermeiden, weil der Stiefelternteil dafür in der Regel zu wenig emotional fixiert ist. Zudem kommen die Kinder bei ihm nicht so leicht auf die Idee, ihn bzw. seine Arbeit auszubeuten, weil in seiner Person ja nicht so sehr der emotionale, sondern vielmehr der soziale Charakter der Familie erfahrbar wird; schließlich hat er die Kinder weder gezeugt noch gewollt, er fand sie nur vor und hat sie akzeptiert.

Nicht selten wird der Auszug der Kinder auch dadurch erschwert, daß ihre Existenz das einzige Bindeglied in der ansonsten leer gewordenen Beziehung der Eltern geblieben ist. Da wird dann der Auszug immer wieder hinausgezögert, sogar der Freund bzw. die Freundin darf dann mit einziehen, nur damit auf diese Weise noch ein Stück gemeinsame Sache, nämlich eine Fiktion von Familie erhalten bleibt, für die ,,die Alten" noch gebraucht werden. Solche Fälle können tragische Ausmaße annehmen.

Natürlich könnte auch unsere Zweitfamilie ein solches Ende nehmen; aber ihre Chancen stehen auch hier besser. Einmal ist es verhältnismäßig unwahrscheinlich, daß ausgerechnet die Kinder zum letzten Bindeglied einer ansonsten leergewordenen Ehebeziehung werden; zum anderen erhöht das schon erlebte Scheitern einer Ehe bzw. Familie die Chance, aufgrund dieser Erfahrungen Wesentliches von weniger Wesentlichem unterscheiden zu können. Aber das sind selbstverständlich nur Chancen, keine Erfolgsgarantien.

In Anlehnung an unser fünftes Prinzip des Familienlebens muß der Auszug der Kinder aus der Familie von beiden Seiten gewollt und vorbereitet sein. Üblicherweise haben herangewachsene Kinder diesen Wunsch, sie betrachten dies als Beweis ihrer Selbständigkeit. Äußere, zweckmäßige Erwägungen kommen hinzu: in diesem Alter wollen sie oft schon mit einem Partner zusammenleben und das ist in den meist kleinen Wohnungen der Eltern unzutbar. Es kann praktische Gründe geben (z. B. Berufsausbildung), noch eine Weile bei den Eltern zu wohnen, aber dann bleiben die Kinder eben Mitglied der Familie mit allen damit verbundenen Pflichten, auch wenn sie schon volljährig sind. Der alte Spruch ,,Solange Du Deine Füße unter unseren Tisch stellst . . ." ist so abwegig nicht, weil er auf die Rechte der Eltern auf ein eigenes Leben hinweist. Dieses Recht haben sie nicht erst, wenn die Kinder herangewachsen sind, sondern schon vorher. Solange die Kinder klein sind, bedürfen sie relativ großer Aufmerksamkeit, die Eltern müssen ihre Interessen einschränken, insofern sie z. B. die Kinder nicht oder nur begrenzt allein zu Hause lassen können. Aber das bedeutet nicht, daß sie ihr eigenes Leben voll und ganz um die Kinder und deren Bedürfnisse herum organisieren müßten. Mit dem Blick auf das Ende der Familie, auf den Auszug der Kinder, wird deutlich, wie wichtig es ist, daß die Eltern ihre gemeinsamen Sachen, auch die, an denen die Kinder keinen Anteil haben, ernst nehmen. Menschliche Beziehungen gibt es ja nicht als solche, sie müssen vielmehr *Inhalte*, eben gemeinsame Sachen haben, die zu gemeinsamer Tätigkeit führen können. Wenn über Jahre hinweg die Kinder die einzige gemeinsame Sache sind, dann wird deren Auszug zu einer schlimmen Vision. Es ist keineswegs unmoralisch, wenn Eltern sich darüber freuen, daß mit dem Größerwerden der Kinder ihr eigener, gemeinsamer Handlungsspielraum wächst und daß sie die Aussicht, nach dem Auszug der Kinder ihrer Pflichten ihnen gegenüber enthoben zu sein, durchaus auch erfreulich finden. Gerade die Zweitfamilie hat eine besondere Chance, den Auszug ohne große Komplikationen stattfinden zu lassen, allerdings nur wenn die beiden Partner sich von Anfang an selbst im Blick haben, *einander* meinen und dies auch deutlich machen. Kinder haben nichts lieber als Eltern, die sich gut verstehen und dieses „Klima“ auf die ganze Familie übertragen.

Der Auszug der Kinder hat den Charakter einer endgültigen zweiseitigen Emanzipation, nämlich der Kinder von den Eltern und umgekehrt. Das Ende der Familie, das damit gekommen ist, ist nun bekanntlich keineswegs das Ende der Familien*beziehungen*; vielmehr bleiben die Kinder gern gesehene Gäste und auf die zu erwartenden Enkel sind die werdenden Großeltern allemal stolz.

Wenn die Kinder herangewachsen sind, ist der Zeitpunkt für eine „pädagogische Bilanz“ gekommen. Hat man alles richtig gemacht? Haben sie die Chancen bekommen, die sie für ihr künftiges Leben brauchen? Sind sie selbstbewußt und selbständig geworden?

Es gibt inzwischen einen Typus von autobiographischer Literatur, verfaßt von heute etwa 30- bis 40jährigen, in der Kindheit und Elternhaus in mehr oder weniger trübem Licht erscheinen. Die gegenwärtige Unzufriedenheit mit sich selbst wird als Folge falschen Verhaltens der Eltern, also einer falschen Erziehung gedeutet. Man fühlt sich auch nachträglich noch als hilfloses Opfer, als könne man nicht zumindest jetzt das Leben in die eigenen Hände nehmen, um es selbst zu verantworten, ohne nach Schuldigen oder Ausreden für die eigenen Mängel und Schwächen zu suchen. Liest das jemand, der vielleicht die Absicht hat, eine Zweitfamilie zu gründen und fremde Kinder aufzuziehen, so wirkt das keineswegs ermutigend. Deshalb ist es vielleicht sinnvoll, vom *Ende* des Heranwachsens her noch einmal einige Überlegungen zur pädagogischen Verantwortung der Eltern anzustellen.

Verantwortung haben wir immer dann, wenn ein anderer Mensch sie – aus welchem Grund auch immer – selbst nicht wahrnehmen kann. Wenn ich auf der Straße einen Menschen in offensichtlich hilflosem Zustand antreffe, dann bin ich verpflichtet, an seiner Stelle die Verantwortung zu übernehmen und z. B. Hilfe zu veranlassen. Ähnlich müssen im Umgang mit kleinen Kindern an ihrer Stelle Entscheidungen getroffen werden, die sie selbst noch nicht treffen können. Aber je größer der autonome Handlungsraum des Kindes wird, um so mehr reduziert sich die Verantwortung auf das Setzen von Grenzen. Für die späten Jahre der Kindheit kommt hinzu, daß man Verantwortung nur noch insofern übernehmen kann, als man auch die Macht hat zu entsprechenden Entscheidungen.

Die Macht der Eltern über das Leben der Kinder gilt aber allenfalls noch in den eigenen vier Wänden, und dort sind es nicht die Machtworte mehr, die den Kindern nützen, sondern die Angebote, von und mit den Eltern zu lernen und im Rahmen der Familie tätig zu sein. Daß auf diese Weise die Kinder selbstbewußt, selbständig und verantwortungsbewußt werden können, dafür können die Eltern im allgemeinen sorgen. Für die Einflüsse jedoch, die von außerhalb der Familie kommen – von den Massenmedien, den Gleichaltrigen in der Freizeit und aus der Schule – können die Eltern die Verantwortung nur noch in sehr begrenztem Maße übernehmen. Sie können es nur noch auf Grund der Überzeugungskraft und Glaubwürdigkeit ihrer „Interpretationen", sofern die Kinder ihre draußen gewonnenen Eindrücke, Erfahrungen und

Erlebnisse zu Hause einbringen. Diese Außenerfahrungen kontrollieren oder durch Verbote steuern zu wollen, ist je nach Alter der Kinder weitgehend unrealistisch geworden. Versuchen die Eltern das trotzdem, dann wird die Familie zu einem Gefängnis. Kinder brauchen heute die außerfamiliären Erfahrungen, um das Maß ihrer Selbständigkeit erproben zu können. Die Versuche bestimmter Teile der Mittelschicht, die Schule zum verlängerten Arm ihrer familiären Strategie zu machen, sind lächerlich und zudem pädagogisch höchst bedenklich, weil sie Selbstverantwortung und Selbstbestimmung der Kinder verhindern. Ebenso lächerlich können übertriebene Versuche von Familien wirken, auf Biegen und Brechen „Familienfreizeit" zu inszenieren, wenn die Freizeitinteressen längst auseinandergegangen sind.

Schon bei der Geburt muß klar sein, *daß die familiale Lebensgemeinschaft mit diesem Kind auf ihre Auflösung angelegt ist, unauflöslich ist – wenigstens der Idee nach – nur die Ehe der Eltern.*

Noch nie gab es eine Garantie dafür, daß eine gute Erziehung – was immer man darunter verstand – zum Erfolg geführt hat, also dazu, daß die Kinder glückliche und erfolgreiche Menschen wurden. Andererseits ist man oft verblüfft, wenn man sieht, wie Kinder scheinbar unbeeindruckt heranwachsen und ihren Weg gehen, deren familiäre Bedingungen und Probleme eher die gegenteilige Vermutung nahegelegt hätten. Diese Tatsache mindert nicht die Verantwortung der leiblichen oder sozialen Eltern, ihren Kindern möglichst gute Chancen und Bedingungen anzubieten, aber sie erlaubt doch eine gewisse Gelassenheit und den Verzicht auf jeden Perfektionismus. Alle wichtigen „Erziehungsprobleme", die wir heute kennen, sind in erster Linie Probleme, die die Erwachsenen mit sich selbst und miteinander haben; sie werden nur als „pädagogische" Probleme formuliert bzw. werden die Probleme der Erwachsenen im Verhalten ihrer Kinder offenbar. Daraus folgt nicht, daß man pauschal die Erwachsenen im allgemeinen, Eltern und Lehrer im besonderen dafür verantwortlich machen dürfte. Im allgemeinen darf man wohl davon ausgehen, daß jeder Erwachsene und jedes Kind den Wunsch hat, in seiner Familie einigermaßen glücklich und zufrieden zu leben. Wo das nicht gelingt, ist das nicht nur ein privates Problem der Beteiligten – z. B. Unfähigkeit, die Prinzipien des Familienlebens einzusehen und sich entsprechend über die Probleme zu verständigen –, sondern oft sind die von außen auf die Familie eindringenden Schwierigkeiten so groß, daß der ,,Heimathafen" damit überfordert wird. Streß im Beruf, harte persönliche Schicksale, Arbeitslosigkeit oder die Furcht davor können auch die privaten menschlichen Beziehungen angreifen und sogar zerstören.

Wenn wir einmal annehmen, daß unsere Zweitfamilie die Klippen umschifft hat, die ihrer Gründung im Wege standen, daß sie ferner in den Jahren des Aufwachsens der Kinder Augenmaß im Hinblick auf Schule und Freizeit bewiesen hat, und daß die nun zurückbleibenden ,,Alten" sich immer noch etwas Nettes zu sagen und weiterhin gemeinsame Sachen haben, dann können wir mit dem Satz schließen, mit dem viele Märchen enden: ,,Und wenn sie nicht gestorben sind . . ."

III.
Ausblick:
Die Zukunft der Familie

Was wir die Zweitfamilie genannt haben, gibt es nicht erst seit heute. Auch früher kam es nicht selten vor, daß nach dem Tode eines Ehepartners der andere wieder heiratete und seine Kinder einen Stiefelternteil bekamen. Verhältnismäßig neu ist, daß so viele Zweitfamilien aus der *Scheidung* von Erstfamilien erwachsen.

Das wirft die Frage nach der Zukunft der Institution Familie überhaupt auf. Vieles scheint auf den ersten Blick dafür zu sprechen, daß die Familie, wie sie sich im bürgerlichen Zeitalter als aus dem übrigen gesellschaftlichen Leben ausgegrenzte Sozialität entwickelt hat – mit der Ausdifferenzierung von männlicher und weiblicher Geschlechts- und Sozialrolle, mit ihrer emotionalen Ausschließlichkeit, mit ihrer Organisation um die Kinder herum – ihrem historischen Ende entgegen geht. Dafür scheint es folgende Hinweise zu geben.

1. Die hohe Scheidungsrate und deren Hinnahme zerstört im öffentlichen Bewußtsein das Vertrauen zunächst der Erwachsenen und dann auch der Kinder in die soziale Zuverlässigkeit der Familie.

2. Die Tendenz, den Erfolg individueller Beziehungen zum Maßstab des Glücks zu machen, führt dazu, solche Beziehungen als Optionen zu betrachten, sie also ähnlich wie Konsumoptionen einzuschätzen und bei fehlender Zufriedenheit leicht wieder aufzugeben. Insofern schwebt über jeder Familie, die sich so versteht, die ständige Unsicherheit, ob und wann der Zeitpunkt erreicht wird, wo die erwachsenen Partner nicht mehr auf ihre Kosten kommen und auseinandergehen.

3. Die Verrechtlichung der Beziehungen zwischen Eltern und Kindern – in der Unterhaltsfrage z. B. nicht nur bei Scheidungen, sondern auch bezüglich der Kosten für langwierige Ausbildungen – zerstört die eigentümliche Sozialität der Familie, indem sie die Beziehungen zwischen Eltern und Kindern zu je individuellen Vertragsverhältnissen macht. Diese sind insofern einseitig, als die Eltern sie nicht freiwillig eingehen und wieder verlassen können, wie es sonst für Verträge üblich ist, sondern vielfach bis fast zur Pensionierung in sie verwickelt bleiben. Das BAFÖG hat z. B. das individuelle Recht des Kindes auf eine seinen Fähigkeiten entsprechende Ausbildung unterstrichen und popularisiert und damit die

alte Regelung beseitigt, wonach die Eltern nur verpflichtet waren, ihren Kindern diejenige Ausbildung zu finanzieren, die sie früher selbst erhalten hatten. Damit wurde diese Frage auch der familiären Auseinandersetzung entzogen. Inzwischen gibt es Bestrebungen, auch Stiefeltern für die Unterhaltsansprüche von Stiefkindern zumindest mittelbar heranzuziehen, und es könnte durchaus sein, daß der Staat bei zunehmender Arbeitslosigkeit junger Menschen in die Brieftaschen auch von Stiefeltern greift, um seine eigenen Belastungen möglichst gering zu halten. Wer also ,,in aller Form" Stiefvater oder Stiefmutter werden will, tut gut daran, sich hinsichtlich späterer finanzieller Konsequenzen rechtlich beraten zu lassen.

4. Zu diesen Verrechtlichungstendenzen gehört auch die gegenwärtige Diskussion darüber, ob ,,Vergewaltigung in der Ehe" strafrechtlich wie Vergewaltigung außerhalb der Ehe behandelt werden soll. Auch hier gibt es zwei Aspekte: Einerseits ist Vergewaltigung in der Ehe ohne Zweifel verwerflich, das muß man keinem halbwegs vernünftigen Zeitgenossen begründen. Andererseits fragt es sich, wie weit der Staat mit seinen Organen in einer solchen Angelegenheit wirklich zuverlässig ermitteln und dann Recht sprechen kann.

5. Hinzu kommt eine Tendenz, von der in diesem Buch schon die Rede war, nämlich die Vergesellschaftung des familiären und damit des kindlichen Lebensraumes durch die Massenmedien und den Freizeit- und Konsummarkt.

Nun könnte man in der Tat diese Entwicklungen als zum Ende der bürgerlichen Familie führend ansehen. Andererseits – und das ist meine Auffassung – kann man auch von einer Neuorientierung, von einer Wandlung der Institution Familie sprechen. Dann lassen sich die oben angesprochenen Punkte so deuten:

Zu 1: Die hohe Scheidungsrate läßt sich auch als eine ,,Selbstreinigung" der geschlossenen Ehen auffassen. Man darf ja nicht vergessen, daß diejenigen, die geschieden werden, ganz bestimmten Generationen angehören, die von dem rasanten kulturellen Wandel der letzten Jahrzehnte besonders betroffen sind. Dieser Wandel hat vielfach die normativen Voraussetzungen und die Erwartungen, unter denen die Ehen einmal geschlossen wurden, ausgehöhlt. Deshalb muß man die Scheidung und das meist daran anschließende Eingehen neuer Beziehungen wie im Falle der Zweitfamilie im Zusammenhang sehen. Dieser Reinigungsprozeß muß nicht unbedingt die Familie als Institution in Frage stellen, sondern kann auch als eine Stabilisierung gedeutet werden, insofern dabei neue, sozial tragfähigere Beziehungen und Bindungen entstehen. Deshalb wäre es leichtfertig, aus den hohen Scheidungszahlen der letzten Jahrzehnte Schlußfolgerungen für die Zukunft zu ziehen. Vielmehr ist auch denkbar, daß künftige Generationen den kulturellen Wandel so verarbeitet haben, daß sie die soziale und emotionale Bedeutung der Basisbeziehungen angemessener zu erkennen und sich entsprechend zu verhalten vermögen.

In diesem Zusammenhang des Reinigungsprozesses sehe ich auch die Vermehrung von Alleinerzieherfamilien und Zweitfamilien. Gegenwärtig befinden wir uns insofern in einer Übergangsphase, als wir diese neuen Formen noch am überlieferten Leitbild der Normalfamilie, also der Erstfamilie messen und dadurch ihre eigentümliche Bedeutung verkennen. Unser Bewußtsein hinkt gleichsam hinter der neuen Wirklichkeit her.

Zu 2: Die beziehungsorientierten psychologischen Konzepte haben zwar einerseits zur Aufweichung der Familienstruktur beigetragen. Andererseits haben sie auch die Individualität und die Subjektivität als Maßstab durchgesetzt. Wenn es in Zukunft gelingt, diese Vorstellungen mit den von uns hier vertretenen *sozialen*, also überindividuellen Aspekten des Familienlebens zu verbinden, dann könnte davon eine neue, stabilisierende Wirkung ausgehen. Diese Kombination könnte darin bestehen, daß einerseits die Individualität des Partners und seiner Bedürfnisse ernst genommen wird, ihm z. B. im Rahmen des Berufes oder auch der Freizeitinteressen ein Autonomiespielraum eingeräumt wird, andererseits aber auch die aus der Sozialität Familie erwachsenden Verbindlichkeiten gemeinsam anerkannt werden. In diese Richtung würde auch wirken, was im Hinblick auf das Aufwachsen der Kinder in diesem Buch vertreten wird, nämlich daß sie entgegen den traditionellen Vorstellungen von Erziehung als *Subjekte* ihres Lebens und Lernens angesehen werden. Allerdings glaube ich nicht, daß zu dem Autonomiespielraum, den die Eltern einander schulden, die sexuelle Freizügigkeit gehören kann. Dies hat nichts mit Prüderie zu tun. Vielmehr zeigt die Erfahrung, daß, abgesehen vom gemeinsamen Selbstmord, wie wir ihn von Romeo und Julia kennen, die sexuelle Intimität das Äußerste an Nähe ist, was Liebende einander signalisieren können. Wenn diese Nähe ihre Ausschließlichkeit verliert und grundsätzlich verallgemeinert wird, ist das nicht nur problematisch für die Gefühle der Beteiligten, sondern vor allem desorientierend für die Sozialität Familie, weil die Zugehörigkeit zu ihr problematisch wird. Hier haben wir vielleicht das beste Beispiel für die These, daß die psychologische, beziehungsorientierte Betrachtung an der Sache vorbeigeht, wenn sie nicht mit der sozialen verbunden wird. Zumindest seit der „Befreiungsbewegung" der 68er Generation haben wir genügend Beispiele dafür, wie sozial zerstörerisch eine Entkoppelung beider Maximen wirken kann, wenn nicht muß.

Zu 3: Die Verrechtlichung der Eltern-Kind-Beziehung hat für beide Seiten auch eine emanzipatorische Bedeutung. Das wird deutlich, wenn man die alte Unterhaltsregelung ansieht, wonach der Vater seinen Kindern höchstens die Berufsausbildung schuldet, die er selbst dem Range nach erhalten hat; denn durch diese Maxime wurden nicht die individuellen Fähigkeiten des Kindes gewürdigt, sondern nur seine soziale Herkunft. Davon zu trennen ist die familienpolitische Frage, ob der Staat diese „Befreiung" der Kinder nicht auch stärker mit öffentlichen Mitteln kompensieren müßte. In der Tat zeigt sich hier ein Widerspruch: Durch die radikale Individualisierung der Kinder zu Rechtssubjekten auch gegenüber der Herkunftsfamilie zerstört der Staat jene Privatheit der alten Familie, in der die überlieferte Unterhaltsregelung überhaupt nur sinnvoll war. Anstatt nun aber selbst die Verantwortung für diese radikale Individualisierung der Kinder zu übernehmen, beutet er nur die überlieferte Familienvorstellung aus, die er im gleichen Atemzug zerstört. Sieht man sich an, wer heute BAFÖG bekommt, so sind es einerseits die Kinder der wirklich Armen – z. B. der Sozialhilfeempfänger – andererseits derjenigen, die ihre Bilanzen entsprechend frisieren können.

Abgesehen von diesem familienpolitischen Aspekt weist uns diese Verrechtlichung darauf hin, daß die Stellung der Kinder in der Familie sich fundamental verändert hat; denn um dieser radikalen Individualisierung subjektiv entsprechen zu können, müssen die Kinder zu früher Selbständigkeit angehalten werden, sonst kommen wir zum Sozialisationstypus des verwöhnten „neuen Paschas", der seine Eltern sogar verklagen kann, diese Verwöhnung fortzusetzen.

Zu 4: Selbst wenn „Vergewaltigung in der Ehe" zum Straftatbestand erklärt würde, wäre damit kein Problem gelöst. Diese Frage gehört zu dem schon erwähnten Prozeß der Selbstreinigung, d. h. der Revision falscher oder falsch gewordener Partnerschaften. Wer sich in der Ehe mißhandelt fühlt, braucht keinen Staatsanwalt, sondern einen neuen Partner, mit dem er sich besser versteht. Zudem scheint mir auch dies ein Problem bestimmter Generationen zu sein. Eine hellhörig gewordene Öffentlichkeit ist aufnahmefähig für Berichte und Klagen von Frauen, denen früher niemand zugehört hätte oder die wegen der Tabuisierung dieses Themas niemanden gefunden hätten, dem sie sich hätten anvertrauen können. Sieht man von Randgruppen ab, so ist Verständigung gerade im Intimbereich für junge Menschen – vor allem auch für die jungen Frauen – zu einem herausragenden Wert geworden, so daß zu vermuten ist, daß dieses Problem in Zukunft einerseits durch die Art der Partnerwahl, andererseits durch die erleichterte Scheidung von den Beteiligten selbst gelöst werden wird. Die Diskussion über dieses Thema dürfte also auf die Dauer eher familienstabilisierend wirken, ob der Staatsanwalt künftig eingeschaltet wird oder nicht.

Zu 5: Die Vergesellschaftung des familiären und des kindlichen Lebensraumes durch Massenmedien und Konsummarkt zerstört nicht die Familie als Institution, sondern nur eine historisch überholte Vorstellung von ihr.

Faßt man alle diese Tendenzen zusammen, so ergibt sich ein Bild von Familie, wie wir es im wesentlichen in diesem Buch beschrieben haben: Eine Sozialität, die sehr viel offener als früher gegenüber ihrer Umwelt ist, die Individualität *aller* ihrer Mitglieder ernst nimmt, ihnen Autonomie zubilligt und als „Heimathafen" zur Verfügung steht, und sich letzten Endes als Lern-, Tätigkeits-, Interpretations- und Interessengemeinschaft versteht. Man kann also durchaus die Vermutung äußern, daß die Familie als Institution sich neu konsolidieren und stabilisieren wird.

Aber die skizzierten Tendenzen der Individualisierung auch der Kinder und der Vergesellschaftung der Familie werden nach meiner Einschätzung eine weitere Folge haben, die heute noch kaum gesehen wird. Sie hat mit der Einrichtung von Frauenhäusern begonnen und wird zu einer öffentlichen Alternative zur Familienerziehung führen, und zwar auf Wunsch des Kindes selbst.

Wie schon unter dem Stichwort der Verrechtlichung der Eltern-Kind-Beziehung angedeutet wurde, hat sich in den letzten zwei Jahrzehnten eine Entwicklung durchgesetzt, die man als Emanzipation des Kindes bezeichnen könnte. Das alte Bürgerliche Gesetzbuch (BGB) ging davon aus, daß grundsätzlich die Eltern wissen, was gut ist für ihr Kind, und daß sie infolgedessen auch in der Lage sind, es zu versorgen, zu schützen und die notwendigen Erziehungsentscheidungen zu treffen. Die „elterliche Gewalt" über ihre Kinder wurde ihnen, mit Vorrang dem Vater, folgerichtig fraglos zugestanden. Daß der Staat erst eingreifen darf, wenn entweder keine Eltern vorhanden sind oder wenn die Eltern offensichtlich nicht in der Lage sind, die elterliche Gewalt auszuüben, bestätigte nur den Normalfall der bürgerlichen Familie und war auf die Fälle von alleinerziehenden Müttern und auf die „Erziehungsunfähigkeit" von Unterschichtfamilien begrenzt. Staatliche Eingriffe waren sozialpolitischer bzw. sozialpädagogischer Art und betrafen ohnehin hilfsbedürftige Teilgruppen der Gesellschaft.

Erst 1980 wurde der Begriff „elterliche Gewalt" durch „elterliche Sorge" ersetzt. Hintergrund ist unter anderem der Gedanke, daß die Grundrechte unserer Verfassung nicht nur für die erwachsenen Bürger, sondern auch für die Kinder zumindest sinngemäß Geltung haben müssen. Ebenfalls 1980 wurde in das BGB neu aufgenommen der § 1626, Abs. 2, in dem es heißt, daß „die Eltern die wachsende Fähigkeit und das wachsende Bedürfnis des Kindes zu selbständigem verantwortungsbewußtem Handeln" zu berücksichtigen haben. „Sie besprechen mit dem Kind, soweit es nach dessen Entwicklungsstand angezeigt ist, Fragen der elterlichen Sorge und streben Einvernehmen an."

Damit ist der Weg frei geworden, ein eigenes Recht des Kindes, auch gegenüber den Eltern, zu definieren, es als eine eigene Rechtsperson anzuerkennen. Daß dies Folgen hat für die Art und Weise, in der Familie mit den Kindern und ihren Bedürfnissen umzugehen, liegt auf der Hand. Die auch in diesem Buch vertretene These, daß das Kind als *Subjekt* seines Lernens und seiner Persönlichkeitsentwicklung zu sehen sei und nicht als *Objekt* erzieherischer Eingriffe, entspricht dieser Vorstellung.

Wenn man aber das Kind als eigene Rechtsperson ansieht, dann muß das auf die Dauer prinzipiell einschließen, daß es seine Eltern auch verlassen darf, wenn es dafür wichtige Gründe vorbringen kann. In Zukunft werden sich also nicht nur wie bisher Eltern scheiden lassen, während die Kinder geduldig darauf warten, was nun über ihren Kopf hinweg für sie geregelt wird – in Sorgerechtsverfahren werden die betroffenen Kinder vom Familiengericht inzwischen ja schon angehört, und nicht selten wird nach ihrem Willen entschieden – vielmehr wird die Entwicklung unausweichlich, daß auch Kinder sich von ihren Eltern gleichsam „scheiden", zumindest „trennen" lassen können, z. B. weil sie den der Scheidung vorangehenden Prozeß der Zerrüttung der Ehe nicht mehr aushalten können. Sieht man sich an, wie rücksichtslos in Scheidungs- und Sorgerechtsverfahren mit Kindern umgegangen wird, dann kann das Recht des Kindes, seine Familie zu verlassen, nur heilsam für die beiden Eltern sein, weil ihnen dann buchstäblich die „Waffe" wegläuft, mit der sie einander bekriegen. Dies wird allmählich möglich. Kindern über 14 Jahre wird auch von Rechts wegen immer öfter erlaubt, woanders zu wohnen, wenn sie es zu Hause nicht mehr aushalten.

Inzwischen gibt es in den größeren Städten Frauenhäuser, in die sich Frauen – auch mit ihren Kindern – flüchten können, um sich vor Mißhandlungen ihrer Männer in Sicherheit zu bringen. Das Kriterium dafür kann nur ein subjektives sein: Es genügt, sich mißhandelt zu *fühlen*. Viele dieser Frauen wollen in Wahrheit keine Trennung von ihrem Mann, sondern hoffen, daß er durch ihren Schritt zur Vernunft kommt, sein Verhalten ändert. Die Kinder, die diese Frauen mit ins Frauenhaus bringen, sind meist schon mehr oder weniger schwer gestört.

Diese Fälle machen uns eine Grenzsituation deutlich. Einerseits sehen wir die Hoffnung, die Familie könne doch noch zu einem „sozialen Heimathafen" werden, den sich die Beteiligten wünschen, zumal eine Alternative dazu nicht in Sicht ist oder scheint. Wir kennen dieses Bedürfnis auch von Kindern, die sich außerhalb der Familie in Fürsorgeerziehung befinden und immer wieder nach Hause laufen, obwohl sie dort wie früher auch nur Unverständnis und Prügel erwarten. Gerade Kinder können dabei ein für Erwachsene kaum nachvollziehbares Maß an Geduld und Hoffnung entwickeln („Irgendwann wird alles wieder gut werden ..."). Auch wenn sie größer sind, hoffen sie oft noch auf ein solches Wunder.

Das ist die eine Seite, die Hoffnung darauf, daß alles einmal besser werden könnte. Die andere Seite ist, daß bei zur Gewohnheit gewordenen Mißhandlungen kaum eine Aussicht auf Abhilfe besteht. Man setzt zwar auch hier auf Beratung und Therapie, aber Eltern, die ihre Kinder und einander regelmäßig mißhandeln, sind kaum therapierbar, zumindest nicht schnell genug im Hinblick auf das Wohl, die Gesundheit oder gar das Leben der Kinder. Unser pädagogisch-therapeutischer Machbarkeitswahn verträgt die Einsicht nur schwer, daß es Situationen gibt, die nicht zu bessern sind, sondern die man nur auflösen kann. Soll hier der Staat eingreifen?

Immerhin werden bei uns jährlich über hundert Kinder von ihren Eltern zu Tode gebracht, die Dunkelziffer dürfte weitaus höher sein. In Schweden hat man daraus Konsequenzen gezogen und die zuständigen Behörden ermächtigt, im Falle von Mißhandlung oder auch nur Vernachlässigung die Kinder den Eltern wegzunehmen. Aber dieser an und für sich plausible Gedanke ist dort offensichtlich in die Mühlen der Sozialbürokratie geraten, deren Mißgriffe eher familienfeindlich zu werden drohen.

Ich halte die Frauenhäuser nicht für den *Beginn* einer neuen familienpolitischen Entwicklung, sondern für ein Signal dafür, daß bestimmte Familientraditionen bzw. Familienvorstellungen ihrem *Ende* entgegen gehen. Auch die Frauenhäuser sind ein Teil des schon erwähnten Reinigungsprozesses, und künftige Generationen werden sie – von Randgruppen abgesehen – immer weniger benötigen. In die Zukunft weist dagegen die Variante des Mädchenhauses. Dort können Mädchen etwa ab 12 Jahren Zuflucht suchen, die zu Hause sexuell belästigt oder auf andere Weise mißhandelt werden.

Mit dem Angebot von Frauenhäusern und nun auch von Mädchenhäusern hat nach meiner Überzeugung eine Entwicklung eingesetzt, die folgerichtig zum Kinderhaus führen wird. Es wird also auf die Dauer für diejenigen Kinder – vielleicht ab 10 oder 12 Jahren –, die es in ihrer Familie nicht mehr aushalten, eine öffentliche Alternative geben. Der Widerstand gegen diese zumindest geahnte Entwicklung ist wohl der wichtigste Grund dafür, daß Frauenhäuser bis heute um ihre Anerkennung und Finanzierung so zu kämpfen haben. In der Regel sind sie materiell wie personell unzulänglich ausgestattet, offensichtlich soll man sich dort so wenig wohlfühlen können wie in den Wartezimmern der Sozialämter. Die Gegner der Frauenhäuser scheinen klar erkannt zu haben, daß hier eine *öffentlich anerkannte* und irgendwie auch öffentlich finanzierte *Alternative* zur herkömmlichen Familie im Entstehen ist. Das ist etwas anderes, als die *private Entscheidung*, daß eine Frau mit ihren Kindern auszieht und sich eine eigene Wohnung nimmt.

Gegen Mädchenhäuser kann man angesichts der ihnen zugrundeliegenden Ursachen – Vergewaltigung, sexueller Mißbrauch in der Familie – öffentlich wenig einwenden. Aber sollen darüber hinaus Kinder allgemein das Recht haben, von zu Hause wegzulaufen, wenn sie sich dort fortgesetzt mißhandelt fühlen, und ein öffentlich finanziertes Kinderhaus in Anspruch zu nehmen?

Bisher entzieht das Jugend- oder das Familiengericht den Eltern die Erziehungsberechtigung, wenn „Verwahrlosung droht", wenn sie also ihre Erziehungspflichten nachhaltig verletzt haben. Die andere Möglichkeit ist, daß sie „freiwillige Erziehungshilfe" beim Jugendamt beantragen, wenn sie mit der Erziehung eines Kindes nicht mehr zurechtkommen. Läuft ein Kind aber von zu Hause weg, dann wird es von der Polizei wieder eingefangen und zu den Eltern zurückgebracht. Insofern wäre ein Kinderhaus etwas Neues, weil das Recht des Kindes wegzulaufen grundsätzlich anerkannt würde. Das Kinderhaus wäre also eine Art Zwischenstation, die das Kind aus *eigener Initiative* anläuft, bis über sein weiteres Verbleiben gemeinsam mit ihm entschieden wird.

Nehmen wir einmal an, jedes Kind ab etwa 10 Jahren hätte das Recht, wenn es sich mißhandelt fühlt, ein solches Kinderhaus aufzusuchen, und nehmen wir weiter an, dieses Recht wäre mit einer relativ geringen Diskriminierung verbunden, dann ist vorauszusehen, daß manche Kinder darin eine Möglichkeit sehen, ganz normalen häuslichen Auseinandersetzungen z. B. über Fragen der Grenzsetzung auszuweichen. Andere werden vielleicht gelegentlich Erpressungsversuche unternehmen („Wenn ich dies und das nicht bekomme, gehe ich ins Kinderhaus!"). In all diesen Fällen besteht die Chance darin, daß zwischen dem Kind und seiner Familie eine neue Verständigung erzielt wird, z. B. darüber, was Mißhandlung ist und was notwendige Auseinandersetzung. Diejenigen Kinder jedoch, die tatsächlich ständig körperlich und/oder seelisch mißhandelt werden, erhalten die Möglichkeit, sich diesen Mißhandlungen zu entziehen und außerhalb ihrer Familie in einem Heim oder einer Wohngemeinschaft weiterzuleben, was ja nicht heißen muß, daß der Kontakt zur Familie gänzlich aufhört. Den Eltern müßte nicht einmal unbedingt das Sorgerecht genommen werden, es würde genügen, wenn sie sich damit einverstanden erklärten, daß das Kind eine gewisse Zeit – z. B. ein Jahr – anderswo lebt, danach kann ja erneut überlegt werden, wie es weitergehen soll.

Mir kommt es hier nicht darauf an, daß die Macht der Sozialbürokratie erhöht wird, sondern daß der Wille des Kindes zumindest *auch* zum Maßstab des Handelns wird, sobald es ihn vernünftig äußern kann. Allerdings darf er nicht einfach hingenommen werden, sondern muß sich – je nach Alter – einer Prüfung unterziehen lassen, wie das in der Familie auch der Fall wäre, wenn das Kind z. B. auf den Gedanken käme, die Schule zu wechseln.

Für die Kleinkinder im Säuglings- oder Vorschulalter, die mißhandelt werden – und aus dieser Altersgruppe stammen die meisten mißhandelten Kinder – wäre das keine Lösung. Sie bedürfen der Intervention von Erwachsenen, und wir sollten uns da keine Illusionen machen: Kindesmißhandlung ist ein typisches Wiederholungsdelikt. Es geht nicht darum, daß jemandem einmal im Zustand großer Erregung „die Hand ausrutscht“, so daß sich wahrscheinlich eine solche Entgleisung nicht so leicht wiederholt. Wenn aber ein kleines Kind *wiederholt* so mißhandelt wird, daß es medizinisch identifizierbare Verletzungen davonträgt, dann gibt es nur eine vertretbare Entscheidung: Das Kind muß raus aus dieser Familie, und zwar sofort. Auch dies muß kein endgültiger Bruch sein; es bleibt denkbar, daß das Kind später – wenn sich die Eltern „eine andere Verfassung zugelegt haben“ – zu ihnen zurückkehrt, und in der Zwischenzeit kann es unter Umständen Kontakt zu ihnen halten.

Wir haben es hier offensichtlich mit Grenzfällen zu tun, in denen die Eltern nicht mehr in der Lage sind, ihre Verantwortung für die Kinder innerhalb der Familie wahrzunehmen. Damit fallen sie auch als Interpretationsort für die außerfamiliären Erfahrungen aus. In solchen Fällen muß, wenn Angehörige der weiterenFamilie – z. B. Großeltern – nicht zur Verfügung stehen, der Staat die Verantwortung für die Bedingungen des Aufwachsens übernehmen, möglichst nur für begrenzte Zeit.

Es ist klar, daß eine öffentliche Alternative zum Aufwachsen in einer Familie, die nicht der bisherigen Diskriminierung der Ersatzlösung unterläge, sondern als anerkannte Variante der Normalität gelten würde, problematisch wäre. Die Ausschließlichkeit der Familienzugehörigkeit und der damit verbundene Druck, das Zusammenleben irgendwie zu meistern, könnten brüchig werden. Ähnlich wie durch die erleichterte Ehescheidung könnte hier leicht die Versuchung entstehen, den Problemen, die das Leben ja stellt, auszuweichen, anstatt sich ihnen zu stellen.

Andererseits hat dieser Prozeß aber längst begonnen, indem z. B. Heranwachsende schon vor ihrer Volljährigkeit die Familie verlassen und sich eine eigene Wohnung oder eine Wohngemeinschaft suchen. Zudem können Kinder wohlhabender Eltern in Internaten aufwachsen; in solchen Fällen tritt – obwohl privat finanziert – die öffentliche Erziehung an die Stelle der familiären, die sich dann in der Regel auf die Ferienzeit beschränkt.

Nicht wenige alleinerziehende Mütter und Väter sind zudem gezwungen, für ihre Kinder „freiwillige Erziehungshilfe“, also staatliche Ersatzerziehung zu beantragen, weil sie sich z. B. aus beruflichen Gründen nicht genug um die Kinder kümmern und andererseits das Geld für ein Internat nicht aufbringen können. Diese Art der öffentlichen Erziehung wirkt aber diskriminierend auf die Kinder. Was spräche eigentlich dagegen, auch solchen Kindern eine Internatserziehung zu ermöglichen, sei es durch Finanzierung des Aufenthalts in einem privaten Internat, sei es durch Einrichtung staatlicher Internatsschulen?

Wie immer man im einzelnen zu solchen Überlegungen stehen mag, sicher erscheint jedenfalls, daß der Umbruch, in dem sich die Familie befindet, einen neuen sozialpädagogischen und schulpolitischen Handlungsbedarf hervorgerufen hat.

Die Entwicklung der Familie, wie wir sie heute erleben, ist Teil eines langen historischen Prozesses, in dem die Menschen aus ihren unmittelbaren sozialen Abhängigkeiten und Geborgenheiten herausgelöst und zu Trägern von *gleichen* Rechten und Pflichten geworden sind. Man hat diese Entwicklung als Emanzipation bezeichnet, also als Befreiung von nichtgleichberechtigten Abhängigkeiten. Es begann mit der Emanzipation der Bürger vom Adel, es folgten die Arbeiter (Arbeiterbewegung), die Frauen (Frauenbewegung), die Jugendlichen (Jugendbewegung) und schließlich die älteren Kinder. Der Preis dieses Prozesses ist die totale Individualisierung, die auch als Entfremdung, jedenfalls vielfach mit Unbehagen erlebt wird; denn die Menschen müssen nun lernen, aus eigener, jeweils persönlicher Verantwortung ihr Leben zu gestalten, und sie haben dafür immer Alternativen zur Verfügung. Auf die Familie bezogen heißt das: Die Menschen haben das Recht, eine Familie zu gründen, aber sie auch wieder aufzulösen. Der Partner, mit dem sie leben, kann jederzeit durch einen anderen ausgetauscht werden. Es gibt im Unterschied zu früher keine gesellschaftliche Sanktion, also keine Strafandrohung mehr, die diesen Gebrauch der modernen Freiheit verhindern könnte. Wenn wir also eine Ehe eingehen, schließen wir einen Vertrag, aber jeden Vertrag kann man auch beenden.

Wir müssen also lernen, daß wir nur selbst „unseres Glückes Schmied" sein können, wenn wir befriedigende menschliche Beziehungen in Partnerschaft und Familie finden wollen. Die persönlichen Freiheiten, die wir im Laufe des bisherigen Emanzipationsprozesses erworben haben, müssen wir produktiv zu nutzen verstehen. Unter diesem Aspekt erscheint die pädagogische Forderung, unsere Kinder möglichst selbständig und verantwortungsbewußt werden zu lassen, in einem klareren Licht: Sie brauchen diese Fähigkeiten, um in der emanzipierten und individualisierten Gesellschaft ein befriedigendes Leben führen zu können. Die Alternative dazu wäre Lebensuntüchtigkeit – in welcher Form auch immer.

Anhang: Literaturhinweise

Da dieses Buch in erster Linie an die Betroffenen gerichtet ist, also an die Familien (Erstfamilie, Alleinerzieherfamilie, Zweitfamilie) einerseits, an solche Erwachsene andererseits, die eine Familie – vor allem eine Zweitfamilie – gründen wollen, hätte es wenig Sinn, dem Leser ein umfassendes Literaturverzeichnis anzubieten, das zu bearbeiten er normalerweise kaum die Zeit haben dürfte. Deshalb will ich hier nur einige Hinweise für Leser geben, die das Thema vertiefen möchten.

Über Zweitfamilien beziehungsweise Stieffamilien gibt es so gut wie keine Forschung. Eine rühmliche Ausnahme bildet das Buch von Verena Krähenbühl u. a. (Stieffamilien. Struktur, Entwicklung, Therapie. Freiburg 1986). Es ist aus therapeutischer Erfahrung entstanden, enthält Beispiele aus der Beratungsarbeit mit Stieffamilien, die wichtige Probleme solcher Familien veranschaulichen. Materialbasis des Buches sind 94 Stieffamilien, die eine Beratung beziehungsweise Therapie aufgesucht haben. Es handelt sich also nicht um einen repräsentativen Querschnitt, sondern um besondere Problemfälle, aber gerade deshalb ist das Buch als Ergänzung zu diesem besonders geeignet.

Aus sozial- und familienpolitischen Gründen hat die Alleinerzieherfamilie immer schon öffentliches, also auch wissenschaftliches Interesse gefunden; allerdings wurde sie in der Vergangenheit eher abwertend als „Restfamilie“ beurteilt. Zum Normaltypus wurde die Erstfamilie erhoben, woran gemessen die unvollständige Familie nur als Abweichung gelten konnte. Eine andere, positive Auffassung von dieser Familienform vertritt die auch im Text erwähnte Untersuchung von Anneke Napp-Peters (Ein-Elternteil-Familien. Soziale Randgruppe oder neues familiales Selbstverständnis? Weinheim, München 1985). Wie der Untertitel schon zeigt, versucht die Autorin bei der Auswertung ihrer 400 Stichproben aus dem Hamburger Raum den überlieferten Voreingenommenheiten zu entgehen und vor allem auch dem Problem aus der Sicht der betroffenen Mütter und Väter nachzugehen.

Eine gute Ergänzung dazu sind Berichte von alleinerziehenden Müttern (von Vätern ist mir dergleichen nicht bekannt), herausgegeben von Helga Häsing (Mutter hat einen Freund. Alleinerziehende Frauen berichten. Frankfurt 1984). Die von der Herausgeberin angesprochenen Frauen äußern sich einigermaßen vorbehaltlos, was einerseits sehr lebendig wirkt, andererseits aber eine Reihe von Problemen deutlich werden läßt, zum Beispiel daß – wie Horst Eberhard Richter in seinem Nachwort bemerkt – „die Kinder eher blaß bleiben".

Weniger im Hinblick auf einen neuen Partner als vielmehr im Hinblick auf die Probleme des Alleinerziehens überhaupt haben Sophie Behr und Helga Häsing (Ich erziehe allein. Problemlösungen und Ermunterungen für die Erziehung ohne Partner. Reinbek 1980) einen unverkennbar auch autobiographisch mitbestimmten Erlebnisbericht verfaßt, der allerdings verständlicherweise nur die Perspektive der alleinerziehenden Frau vortragen kann.

Die wissenschaftliche Literatur, insbesondere auch die amerikanische, über Scheidung und Scheidungsfolgen haben aufgearbeitet: Fthenakis/Niesel/Kunze (Ehescheidung. Konsequenzen für Eltern und Kinder. München, Wien, Baltimore 1982). In solchen Untersuchungen werden allerdings die Scheidungskinder lediglich als Forschungsobjekte gesehen.

Darüber, wie Kinder dies tatsächlich erleben, gibt es wenig Literatur, weil sie im allgemeinen nicht darüber schreiben. Eindrucksvoll erscheint mir deshalb das Buch von Inge Britt (Ich brauche Euch doch beide. Kinder aus geschiedenen Ehen. Frankfurt 1985). Die Verfasserin läßt Jugendliche und junge Erwachsene über die in der Kindheit erlebte Scheidung ihrer Eltern berichten und kommentiert diese Auskünfte behutsam und sachlich überzeugend.

Bekanntlich kann nach einer Scheidung die Auseinandersetzung um das Sorgerecht für die Kinder noch schlimmer sein als die Phase der Zerstörung der Ehe und Familie selbst. Darüber berichtet, ausgehend von der Darstellung und Interpretation einschlägiger Rechtsfälle Rolf Lamprecht (Kampf ums Kind. Wie Richter und Gutachter das Sorgerecht anwenden. Reinbek 1982).

Das von mir kritisierte „Zwei-Familien-Modell“ – also der Versuch, den Scheidungskindern „zwei Zuhause zu schaffen“ – ist bei uns vor allem durch das Buch von Isolina Ricci (Meine Eltern sind geschieden. Wie Kinder dennoch glücklich bleiben. München 1984. dtv Taschenbuch) bekannt geworden. Abgesehen von dieser These enthält das Buch viele vernünftige und nützliche Ratschläge, vor allem über den Umgang mit dem geschiedenen Partner und mit den von der Scheidung betroffenen Kindern. Ratschläge für den Umgang mit solchen Kindern vor, während und nach der Scheidung gibt auch Reinhart Lempp (Die Ehescheidung und das Kind. Ein Ratgeber für Eltern. München 1978). Der Verfasser bringt hier seine langjährige Erfahrung als Berater und Gutachter in solchen Fällen ein.

Auch die *Rolle des Vaters* für die Entwicklung der Kinder ist von der Forschung bisher vernachlässigt worden, weil die vorherrschenden psychologischen Theorien sich fast ausschließlich für die Mutter-Kind-Beziehung interessiert haben. Wassilios E. Fthenakis (Väter. Zwei Bände, München, Wien, Baltimore 1985) hat die vorliegende Vaterforschung, vor allem wieder aus den USA, aufgearbeitet und dargestellt. Für unseren Zusammenhang ist vor allem der zweite Band interessant, der unter anderem Kapitel über den alleinerziehenden Vater, den nichtsorgeberechtigten Vater und den Stiefvater enthält.

Die folgenden beiden Bücher befassen sich allgemein mit den Veränderungen des Familienlebens. Vance Packard (Verlust der Geborgenheit. Unsere kinderkranke Gesellschaft. Was die Vernachlässigung der Familie für unsere Kinder und die Zukunft der Gesellschaft bedeutet. Bern, München 1984) beschreibt kritisch das Aufwachsen der Kinder in den USA und geht dabei auch ausführlich auf Scheidungskinder und deren weiteres Familienschicksal ein.

Reinhart Lempp (Familie im Umbruch. München 1986) stellt informativ wesentliche Veränderungen dar, die zum „Umbruch“ der gegenwärtigen Familie führen.